Wandern und Einkehren
Eifel mit Ahrtal

Vulkaneifel
Hocheifel
Schneifel

Naturparks
Deutsch-Belgischer Naturpark Hohes Venn - Eifel
Nationalpark Eifel
Vulkaneifel European Geopark
Deutsch-Luxemburgischer Naturpark

Die Ferienregion **Eifel** mit ihrem milden Mittelgebirgsklima und ihrer herben landschaftlichen Schönheit ist ein Paradies für Naturliebhaber. Verschwiegene Bachtäler, weite Wälder und sanfte Hügel laden zu ausgedehnten Wanderungen ein. Besondere Anziehungskraft üben natürlich die 65 Maare der Eifel aus, die vom vulkanischen Ursprung dieser Region zeugen. Natur pur erlebt der Wanderer in der ursprünglichen Schneifel, am faszinierenden Rursee oder im wildromantischen Ahrtal. Auch für Kultur- und Geschichtsinteressierte hat die Eifel einiges zu bieten: Ein Rundgang durch das idyllische Städtchen Monschau oder die Kaiserstadt Aachen gehört dabei ebenso zum »Pflichtprogramm« wie ein Besuch in der Benediktinerabtei Maria Laach. Eine Fahrt mit dem historischen Brohltal-Express oder ein Rittermahl auf einer der unzähligen Burgen sollte man sich ebenfalls nicht entgehen lassen.
Zahlreiche Gaststätten und Restaurants links und rechts des Weges sorgen dafür, dass bei so viel Sehens- und Erlebenswertem auch das leibliche Wohl nicht zu kurz kommt. Denn was wäre eine Reise zu Land und Leuten ohne die typisch eifelländischen Gerichte, von deftig-gutbürgerlich bis zur gehobenen leichten Küche. Dazu gehört u.a. der herrliche heimische Rotwein, über den man auch entlang des Rotweinwanderweges Interessantes erfahren kann, oder einfach ein kühles Mineralwasser aus einer der zahlreich sprudelnden Quellen.

Ein Buch für Genießer

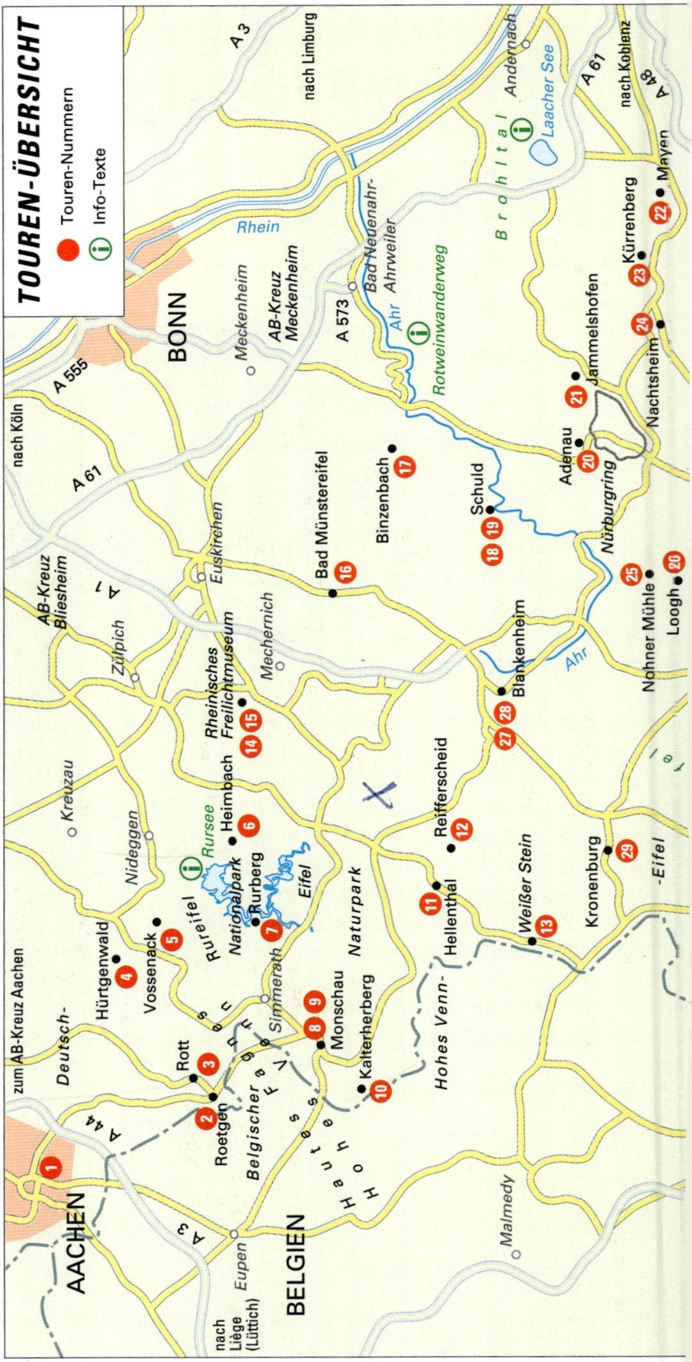

TOUREN-ÜBERSICHT
Touren-Nummern
Info-Texte
AACHEN
BONN
BELGIEN
Roetgen
Rott
Hürtgenwald
Vossenack
Rurberg
Heimbach
Rursee
Nationalpark Eifel
Rureifel
Monschau
Kalterherberg
Simmerath
Deutsch-Belgischer Naturpark
Hohes Venn-Eifel
Hohes Venn
Hautes Fagnes
Hellenthal
Reifferscheid
Weißer Stein
Kronenburg
Blankenheim
Nohner Mühle
Loogh
Rheinisches Freilichtmuseum
Mechernich
Euskirchen
Zülpich
Nideggen
Kreuzau
AB-Kreuz Bliesheim
Bad Münstereifel
Binzenbach
Schuld
Adenau
Nürburgring
Jammelshofen
Nachtsheim
Kürrenberg
Mayen
Bad Neuenahr-Ahrweiler
Rotweinwanderweg
Ahr
Rhein
Meckenheim
AB-Kreuz Meckenheim
Brohltal
Laacher See
Andernach
Eupen
Malmedy
nach Liège (Lüttich)
zum AB-Kreuz Aachen
nach Köln
nach Limburg
nach Koblenz
A 44
A 3
A 1
A 61
A 555
A 573
A 48

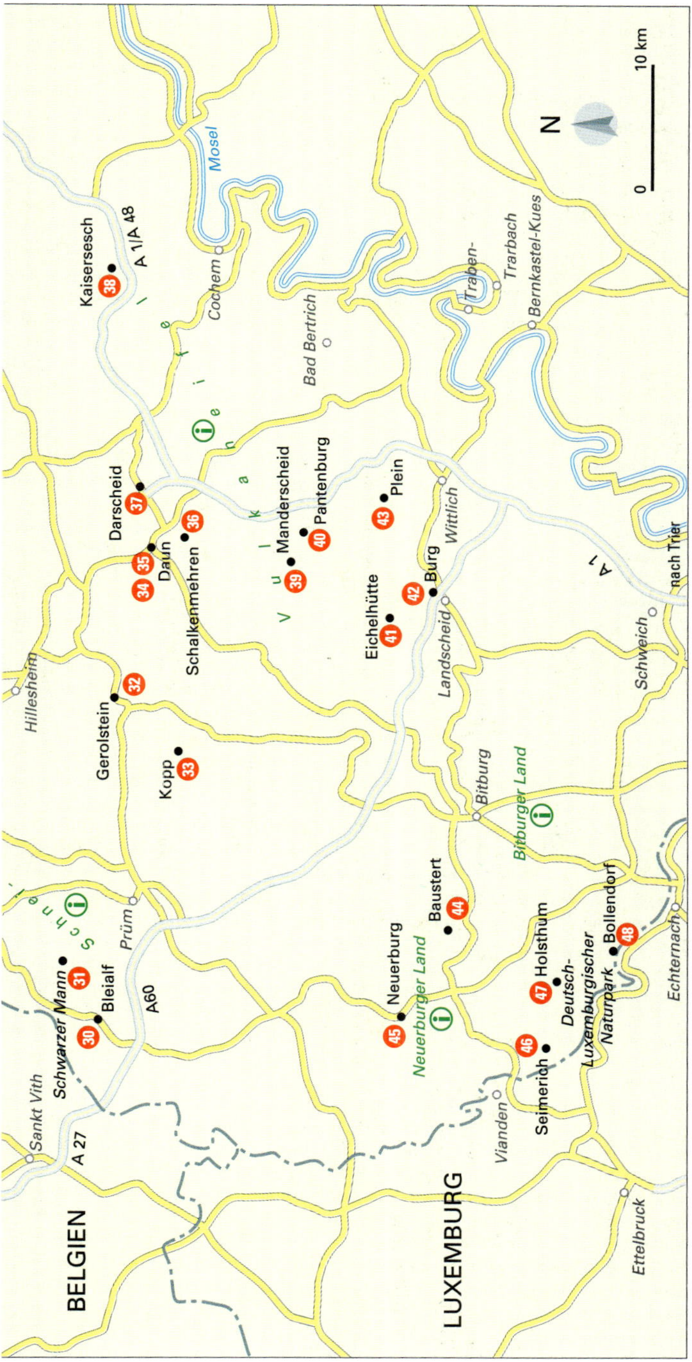
BELGIEN
LUXEMBURG
Sankt Vith
A 27
Schwarzer Mann
Bleialf
A60
Prüm
Hillesheim
Gerolstein
Kopp
Daun
Darscheid
Schalkenmehren
Kaisersesch
A 1/A 48
Cochem
Mosel
Bad Bertrich
Manderscheid
Pantenburg
Plein
Eichelhütte
Burg
Wittlich
Landscheid
Traben-
Trarbach
Bernkastel-Kues
A 1
nach Trier
Schweich
Bitburg
Bitburger Land
Baustert
Neuerburg
Neuerburger Land
Holsthum
Bollendorf
Deutsch-
Luxemburgischer
Naturpark
Seimerich
Vianden
Echternach
Ettelbruck
N
0
10 km
30
31
32
33
34
35
36
37
38
39
40
41
42
43
44
45
46
47
48

Symbolerklärung

- eindrucksvolle Landschaft
- mittlere Steigungen
- stärkere Steigungen
- etwa zur Hälfte Wald
- über die Hälfte Wald
- Weinberge
- prägnanter Fluss/Bach
- romantischer Wasserfall
- schöner See/Teich
- markante Felsen
- Höhle/Grotte
- teilweise schöne Aussicht
- großartige Rundblicke
- lohnender Aussichtspunkt
- Burgen und Schlösser
- sehenswerte Sakralbauten
- historische Profanbauten
- Ortsportraits, Sehenswürdigkeiten und allgemeine Informationen
- Rundwege, weitere Wandertipps, Stadtrundgänge
- Gasthöfe, Restaurants, Hotels und Pensionen
- Startpunkt der Tour in den Wanderkarten

Abkürzungen

AP	Aussichtspunkt
AT	Aussichtsturm
i	Tourist-Info
ND	Naturdenkmal
NSG	Naturschutzgebiet
ÖZ	Öffnungszeiten
P	Parkplatz
P	Parkhaus
P	Tiefgarage
(!)	Wegführung beachten

Wanderkarten

Zur groben Planung können die folgenden Übersichtskarten dienen: GeoMap Wander- und Freizeitkarten 1:50 000: Nationalpark Eifel - Rureifel - Hohes Venn. - Vulkaneifel European Geopark - Schneifel. - Südeifel - Luxembourg - Trierer Land. - Moseltal - Vulkaneifel European Geopark - Moseleifel. - Hohe Eifel - Ahreifel - Rheineifel. - Zur genauen Routenplanung empfehlen sich die Wanderkarten und Topographischen Karten 1:25 000 des Eifelvereins e. V.

Eifel
mit Ahrtal

Wandern und Einkehren

Herrliche Wandertouren

Ausgewählte Gasthöfe, Restaurants, Hotels und Pensionen

Anfahrtsstrecken

Parkmöglichkeiten

nach den Wanderungen
von Vagabundus
Wanderer zwischen Weg und Wirtschaft

herausgegeben von
Georg Blitz und Emmerich Müller

Ein Wanderführer im Drei Brunnen Verlag

Einbandgestaltung: Verlag / Jürgen Reichert

Titelfoto: Rursee - Urftstaumauer und Obersee (Monschauer Land Touristik e. V.)

Redaktion: Heidi Fischer, Jana Güttler

Herstellung: Sandra Lengwenus

Karten und Skizzen: cartomedia, Karlsruhe

Wanderungen:
Thomas Bach
Anke Bilda
Andrea Conen
Walter Ewertz
Richard Geimer
Jörg Hellwig
Matthias Kreidler
Herbert Lowey
Dr. Albrecht Oßwald
Karin & Paul Roth
Josef Schmitz
Berthold Schumacher
Thorsten Wirtz

Bibliografische Informationen Der Deutschen Bibliothek

Die Deutsche Bibliothek verzeichnet diese Publikation in der Deutschen Nationalbibliografie; detallierte bibliografische Daten sind im Internet über http://dnb.ddb.de abrufbar.

ISBN 978-3-7956-0259-8
3. Auflage 2009

Inhalt

Touren

Bildnachweise:

Hans-Jürgen Sittig (S. 17, 113, 114, 147); Dominik Ketz (S. 18); Wolf Meusel (S. 22); Christoph Paulus (S. 27); Adrião, Wikimedia Commons, lizenziert unter CreativeCommons-Lizenz by-sa-2.5 (S. 42); Guido Priske (S. 43); Manfred Rakebrand (S. 46); Archiv Eifel Tourismus GmbH, Quelle: Naturpark Nordeifel e.V. (S. 53, 55); Hans Weingartz, Wikipedia/Wikimedia Commons, lizenziert unter CreativeCommons-Lizenz by-sa-2.0 (S. 57); Marita Hochgürtel, Kurverwaltung Bad Münstereifel (S. 60); H.P. Burger, Wikimedia Commons, lizenziert unter CreativeCommons-Lizenz by-3.0 (S. 66); Ramessos (S. 67, 82); Ahrtal-Tourismus (S. 70, 72); Franz Josef Appel (S. 74); Walter Müller (S. 75, 76); Herbert Piel (S. 86); Erich Schell (S. 97); Touristinformation Oberes Kylltal (S. 102); Wikoli, Wikimedia Commons, lizenziert unter CreativeCommons-Lizenz by-sa-3.0 (S. 109); Billyflor, Wikimedia Commons, lizenziert unter CreativeCommons-Lizenz by-sa-3.0 (S. 110); Tourist-Information Daun (S. 111, 120, 121); Andreas G. Törl, Wikimedia Commons, lizenziert unter CreativeCommons-Lizenz by-sa-2.5 (S. 129); Tourist-Information Manderscheid (S. 131, 134); Langec, Wikimedia Commons, lizenziert unter CreativeCommons-Lizenz by-2.0 (S. 136); Archiv Eifel Tourismus GmbH (S. 146); Jens Bramenkamp, Archiv UEZ GaytalPark (S. 152); Dietrich Krieger, Wikimedia Commons, lizenziert unter CreativeCommons-Lizenz by-sa-2.5 (S. 154); Walter Koch, Wikimedia Commons, lizenziert unter CreativeCommons-Lizenz by-sa-3.0 (S. 159); Gunther, Wikimedia Commons, lizenziert unter CreativeCommons-Lizenz by-sa-2.5 (S. 168)

URLs:

http://commons.wikimedia.org/wiki/Hauptseite
http://de.wikipedia.org/wiki/Wikipedia:Hauptseite
http://creativecommons.org/
http://creativecommons.org/licenses/by/3.0/
http://creativecommons.org/licenses/by/3.0/legalcode
http://creativecommons.org/licenses/by/3.0/de/
http://creativecommons.org/licenses/by/3.0/de/legalcode
http://creativecommons.org/licenses/by-sa/3.0/
http://creativecommons.org/licenses/by-sa/3.0/legalcode
http://creativecommons.org/licenses/by-sa/3.0/de/
http://creativecommons.org/licenses/by-sa/3.0/de/legalcode
http://creativecommons.org/licenses/by-sa/2.5/
http://creativecommons.org/licenses/by-sa/2.5/legalcode
http://creativecommons.org/licenses/by/2.0/
http://creativecommons.org/licenses/by/2.0/legalcode
http://creativecommons.org/licenses/by-sa/2.0/de/
http://creativecommons.org/licenses/by-sa/2.0/de/legalcode

Lieber Wanderfreund,
bitte beachten Sie die folgenden Vorbemerkungen zum Gebrauch dieses Wander- und Gastronomieführers:

- **Weg und Zeit** - Bei diesen Angaben ist die Kilometerangabe entscheidend. Die Zeitangabe bedeutet reine Gehzeit bei einer durchschnittlichen Wegstrecke von 4 km pro Stunde auf der Ebene oder bei leichten bis mittleren Steigungen. Bei stärkeren Steigungen verringert sich diese Durchschnittsleistung etwas. Bitte beachten Sie deshalb das entsprechende Symbol! Die Höhendifferenz wird ab 150 m angegeben.
- **Wegmarkierungen** - Die Wegmarkierungen - und viele andere Einrichtungen rund ums Wandern wie Aussichtstürme, Stege und Informationstafeln - werden durch den Eifelverein e. V. und seine Ortsgruppen vorbildlich betreut. Weitere Markierungen werden von örtlichen Vereinen und Institutionen unterhalten und gepflegt.
- **Wegeskizzen** - Sie sollen Ihnen eine Übersicht vermitteln. Beachten Sie bitte zur Ausrichtung der Skizze den Nordpfeil!
- **Rundwanderwege** - Durch die Rundwege bzw. die Verbindungswege zwischen den Gasthöfen ergeben sich völlig neue, schöne und originelle Routenkombinationen. Selbstverständlich kann eine Wanderung bei jedem Gasthof eines Weges bzw. bei den als Alternative genannten öffentlichen oder Wanderparkplätzen aufgenommen und beendet werden.
- **Geschichte - Kunst - Kultur** - Vagabundus, Historiker und Kunsthistoriker, stellt jeweils in knapper Form das geschichtliche, kunstgeschichtliche und kulturelle Umfeld eines Weggebietes vor, um dadurch das Erlebnis einer Wanderung wesentlich zu vertiefen.
- **Parken** - Wer einen Gästeparkplatz benutzt, sollte in diesem Gasthaus auch wirklich einkehren, ansonsten sind meist öffentliche Parkplätze oder Wanderparkplätze angegeben.
- **Öffentliche Verkehrsmittel** - Für die Ausgangspunkte der Wanderungen sind, wenn möglich, Bushaltestellen und Bahnhöfe angegeben. Nähere Informationen sind erhältlich bei der Deutschen Bahn (Tel. 01805/996633, kostenlose Fahrplanauskunft Tel. 0800/1507090, www.bahn.de) und bei den regionalen Verkehrsverbünden: Aachener Verkehrsverbund (Tel. 01803/504030, www.avv.de), Verkehrsverbund Rhein-Sieg (Tel. 01803/504030, www.vrsinfo.de), Verkehrsverbund Region Trier (Tel. 01805/131619, www.vrt-info.de) und Verkehrsverbund Rhein-Mosel (Tel. 01805/986986, www.vrminfo.de).
- **Hotels - Gasthöfe - Restaurants - Pensionen** - Durch eine glückliche Hand bei der sorgsamen Auswahl, verbunden mit einem großen Engagement profilierter Gastronomen, ist es gelungen, für Wanderer und Wandergruppen, Spaziergänger, Ausflügler oder auch »reine Einkehrer« hervorragend geeignete Betriebe aufzunehmen. Selbstverständlich kann es durch Besitzer- oder Pächterwechsel nach Drucklegung immer wieder einmal zu Veränderungen von Angebot, Qualität, Preis, Öffnungszeiten und Ruhetag kommen.

Vorwort zur 3. Auflage - Alle 48 Wanderungen und Stadtrundgänge dieser Neuauflage wurden neu konzipiert und erwandert, um sie den aktuellen Gegebenheiten anzupassen. Natürlich wurden auch neue Wanderrouten aufgenommen, um eine noch größere Vielfalt anbieten zu können. Ergänzt werden die Wanderungen und Stadtrundgänge durch die ausführliche Vorstellung beliebter Ferienregionen und attraktiver Sehenswürdigkeiten. Außerdem wurde das Gebiet auch gaumenmäßig überprüft, wobei es gelungen ist, die wunderschönen Wanderungen mit ebenso verlockenden Einkehrmöglichkeiten zu kombinieren - vom gemütlichen Ausflugslokal bis zu zünftigen Landgasthöfen oder renommierten gastronomischen Hochburgen.

Wir wünschen auch den Benutzern der Neuauflage
ein genussreiches Wandern und Einkehren!
Die Herausgeber

»Das heißt leben,
die Seele laben in Wald und Flur,
den Körper wandernd stärken,
dem Herzen Gutes tun in freier Luft.
Das Hochgefühl vertiefen,
voll frohen Sinns und Heiterkeit
bei guter Speis und edlem Trank
im Schoß eines gastlichen Hauses.
So zu leben, heißt lang zu leben.«

Vagabundus

Angrenzende Wandergebiete - Sie werden in den folgenden Bänden der Reihe **Wandern und Einkehren** behandelt: Bd. 31 Moselland - Weinlandschaft Mosel-Saar-Ruwer. - Bd. 37 Westerwald - Siebengebirge.

INFO

Die Naturparks der Eifel

Um die wertvolle Natur- und Kulturlandschaft der Eifel auch in Zukunft zu bewahren und gleichzeitig als Erholungsgebiet nutzen zu können, wurden mehrere Naturparks und ein Nationalpark eingerichtet. In allen Parks bereichern geführte Wanderungen, interessante Ausstellungen und spezielle Angebote für Kinder und Jugendliche das Naturerlebnis.

Deutsch-Belgischer Naturpark Hohes Venn-Eifel - Der 2700 km² große Deutsch-Belgische Naturpark erstreckt sich über Gebiete in Nordrhein-Westfalen, Rheinland-Pfalz und Ostbelgien. Aus dem Vennvorland mit seinen Wäldern und Weideflächen erhebt sich das Plateau des Hohen Venn in Belgien, eine weite Moor- und Heidelandschaft, die von Flüssen, Bächen und 15 Seen und Talsperren geprägt wird. In der östlich des Hohen Venns gelegenen Rureifel hat die Rur ein tiefes Tal geschaffen. Die langgestreckten, bewaldeten Bergrücken der Hocheifel werden durchzogen von Bachtälern. Das schneesichere Gebiet ist äußerst beliebt bei Wintersportlern. Die Kalkeifel hat ihren Namen von den Eifeler Kalkmulden, in denen der Kalkboden, umgeben von Sandstein und Schiefer, vorkommt. Das wärmere, trockenere Klima begünstigt eine reiche Flora und Fauna und den hier betriebenen Ackerbau. Auch Fossilienfans kommen in der Kalkeifel auf ihre Kosten. An der Grenze zu Belgien erstreckt sich das malerische Ourtal, wo sich sanfthügelige Hochebenen mit tiefen Bachschluchten abwechseln. Im Herzen des Deutsch-Belgischen Naturparks liegt der 110 km² große Nationalpark Eifel. Im ersten Nationalpark Nordrhein-Westfalens wurden 930 bedrohte Tier- und Pflanzenarten nachgewiesen. Neben dem Naturerlebnis eröffnen historische Spuren im gesamten Deutsch-Belgischen Naturpark einen Blick in die lange Geschichte der Region: steinzeitliche Höhlen, Überreste römischer Bauten, über 100 Burgen, Schlösser und Klöster und der heute als Biotop bedeutende Westwall. - www.naturpark-hohesvenn-eifel.de

Vulkaneifel European Geopark - Rund um Daun, Hillesheim und Gerolstein erstreckt sich der Geopark Vulkaneifel, der im Jahr 2000 zu den vier Gründungsmitgliedern der European Geoparks zählte und seit 2004 zu den UNESCO Global Geoparks gehört. Ca. 350 große und kleine Vulkane waren hier einst aktiv und schufen die bekannten Maare. Neun dieser Krater enthalten heute noch Wasser, während andere komplett ausgetrocknet oder mit Moorgebieten bedeckt sind. Viele Rad- und Wanderwege erschließen die Region und führen zu über 200 geologisch bedeutsamen Punkten. Geführte Touren mit den Geopark-Rangern vermitteln kurzweilig und spannend viel Wissenswertes über das Land der Maare und Vulkane. Nicht nur an Regentagen bieten sehenswerte, interaktive Museen interessante Einblicke in die Geologie, Geschichte und Kultur der Vulkaneifel. - www.geopark-vulkaneifel.de

Deutsch-Luxemburgischer Naturpark - Der erste grenzüberschreitende Naturpark in Westeuropa wurde 1964 durch einen Staatsvertrag zwischen dem Land Rheinland-Pfalz und dem Großherzogtum

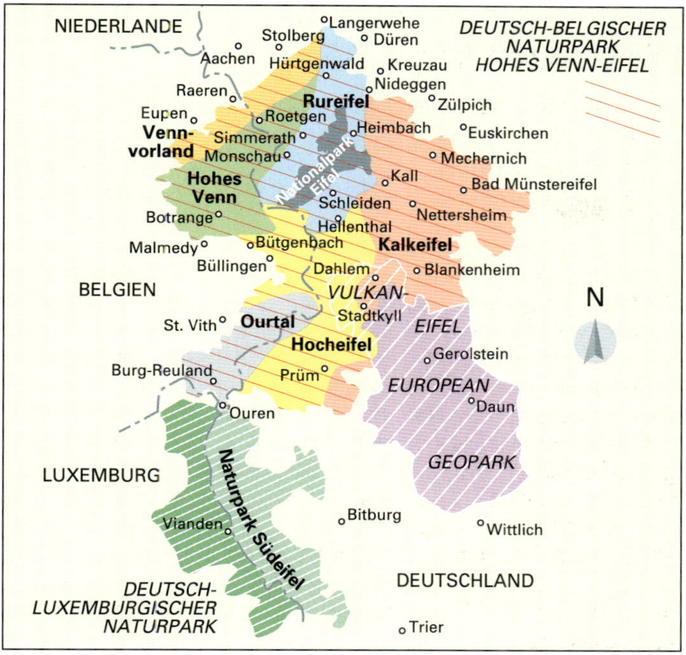

Luxemburg gegründet und umfasst eine Fläche von ca. 789 km². Davon liegen 432 km² auf dem Gebiet von Rheinland-Pfalz und bilden den Naturpark Südeifel. Das Schutzgebiet wurde 1958 eingerichtet und ist damit der älteste Naturpark in Rheinland-Pfalz und der zweitälteste in Deutschland. In Luxemburg erstreckt sich der Naturpark über eine Fläche von 357 km². Den Großteil nimmt der Naturpark Our ein, der Wander- und Naturfreunde ebenso begeistert wie Kulturinteressierte. Eine weite Hochebene mit vereinzelten Feuchtgebieten fällt ab in steile Felstäler, die die Flüsse Our und Clerf schufen. Besonders das mittlere Ourtal besticht durch seine Ursprünglichkeit. Lehrreiche Museen und imposante Burganlagen erzählen aus der spannenden Vergangenheit der Region. Kontrastreich präsentiert sich die Region Müllerthal - Kleine Luxemburger Schweiz. Im Müllerthal begünstigen die besonderen klimatischen Bedingungen - ganzjährig herrscht hier eine Luftfeuchtigkeit von fast 100 % - eine einzigartige Pflanzenwelt, wie man sie in Europa nur selten vorfindet. Überall in der Kleinen Luxemburger Schweiz begegnet man bizarren Felsformationen, die durch ihre markanten Formen die Fantasie beflügeln und dementsprechend häufig originelle Namen tragen. Die wohl bekannteste Sehenswürdigkeit ist der Schiessentümpel, ein malerischer Wasserfall mit drei Kaskaden, der von einer Steinbrücke überspannt wird. - www.deutsch-luxemburgischer-naturpark.de

Weitere Informationen - Eifel Tourismus GmbH, Kalvarienbergstraße 1, 54595 Prüm, Tel. 06551/96560, Fax: 06551/965696, E-Mail: info@eifel.info, Internet: www.eifel.info

Der Eifelverein

Der Eifelverein wurde 1888 in Bad Bertrich gegründet und zählt mit 30 000 Mitgliedern in ca. 160 Ortsgruppen zu den größten Wander- und Heimatvereinen im Verband Deutscher Gebirgs- und Wandervereine, der derzeit 56 Wandervereine mit insgesamt 600 000 Mitgliedern umfasst.

✪ **Wandern** - Mitglieder des Eifelvereins können ein nahezu unerschöpfliches Angebot an Wanderungen nutzen. Rund 1500 Wanderführer in den Ortsgruppen organisieren über 7000 Wanderveranstaltungen pro Jahr - von Jugend- bis Seniorenwanderungen, von Halbtages- bis zu mehrwöchigen Ferienwanderungen. Mit der Markierung und Beschreibung von zwei eifelweiten Radstrecken trägt der Eifelverein dem Trend des Radwanderns ebenfalls Rechnung. Die »Drei-Länder-Route Aachen - Trier« verläuft auf 250 km vom Hauptbahnhof Aachen über Belgien und Luxemburg bis zum Hauptbahnhof Trier entlang einer Linie von Jugendherbergen. Die »Eifel-Mosel-Route Koblenz - Trier« führt den Radler vom Hauptbahnhof Koblenz über das Maifeld, Kaisersescher Schieferland und die Vulkaneifel und den Kylltalradweg bis zum Hauptbahnhof Trier.

✪ **Betreuung von Wanderwegen** - Der Eifelverein markiert drei Fernwanderwege, einen Weitwanderweg, 14 Hauptwanderwege und vier Regionalwanderwege mit einer Gesamtlänge von rund 3400 km. Hinzu kommen ca. 6000 km Rundwanderwege, die von den einzelnen Ortsgruppen betreut werden. Außerdem sind zahlreiche Wegewarte ehrenamtlich bei der Instandhaltung von Einrichtungen wie Aussichtstürmen, Infotafeln, Stegen etc. tätig.

✪ **Natur- und Landschaftsschutz** - Der Eifelverein als älteste Naturschutzorganisation im Eifelraum engagiert sich in Pflanzaktionen, Patenschaften für Biotope, Bäche und Naturschutzgebiete, Herstellung und Betreuung von Nistkästen, Anlage von Lehrpfaden, Säuberungsmaßnahmen u. v. a. Um sich ein Mitspracherecht bei behördlichen Eingriffen in die Natur zu sichern, ist auch die Mitwirkung in den gesetzlich anerkannten Naturschutzverbänden LNU Nordrhein-Westfalen und Landesverband Rheinland-Pfalz der Deutschen Gebirgs- und Wandervereine sowie in den Landespflegebeiräten von großer Bedeutung. Außerdem arbeitete der Eifelverein am größten Naturschutzprojekt in Nordrhein-Westfalen, der Einrichtung des Nationalparks Eifel im Jahre 2004, mit.

✪ **Kulturpflege** - Der Eifelverein setzt sich für die Bewahrung des kulturellen Erbes in der Eifel ein, pflegt Wegekreuze, Bildstöcke und Kapellen und organisiert brauchtumsbezogene Veranstaltungen. Er unterhält die vereinseigene Niederburg in Manderscheid (Tel. 06572/737) und die Vereinsbibliothek in der Mayener Genovevaburg und unterstützt das Eifelmuseum in Mayen (Tel. 02651/88558).).

✪ **Jugend- und Familienarbeit** - Der Eifelverein fördert die Familienarbeit. Neben familiengerechten Wanderangeboten, teilweise in eigenen Gruppen, können sich Kinder und Jugendliche in Lehrgängen und Seminaren über staatsbürgerliche, jugendpolitische, musisch-kulturelle und umweltpolitische Themen informieren. Häufiger Anlaufpunkt der Eifelvereins-Jugend ist das vereinseigene Jugendferienheim »Schilsbachtal« direkt am Rur-Stausee Schwammenauel in Simmerath-Woffelsbach (Tel. 02474/493).

Internationale Aktivitäten - Auf deutscher Seite ist der Eifelverein Träger der 1955 gegründeten Europäischen Vereinigung für Eifel und Ardennen (EVEA), der Belgien, Frankreich (bis 1998), Luxemburg und Deutschland angehören. Ziele sind u. a. der Austausch von Jugendgruppen, die Anlage grenzüberschreitender Wanderwege und die Schaffung internationaler Naturschutzgebiete. Von 1983 bis 1993 organisierte der Eifelverein die Euregio-Sternwanderung am Dreiländereck Vaals, dem Berührungspunkt von Belgien, den Niederlanden und Deutschland.

Verlag - Im Verlag des Eifelvereins werden ca. 80 Bücher und ca. 50 Wanderkarten über die Eifel angeboten.

Öffentlichkeitsarbeit - Die Ortsgruppen und der Hauptverein berichten regelmäßig in den Medien und in der Vereinszeitschrift »Die Eifel« über ihre gemeinnützigen Aktivitäten. Die Zeitschrift erscheint sechsmal im Jahr und ist für Mitglieder kostenlos. Auch die Mitgliederwerbung, z. B. bei Messeauftritten, ist eine wichtige Aufgabe der Öffentlichkeitsarbeit.

Resolutionen - Seit seiner Gründung im Jahr 1888 setzt sich der Eifelverein für die Belange der Eifelbevölkerung ein. Dabei ist er immer wieder gefordert, die satzungsgemäßen Ziele der Wirtschaftsförderung mit denen des Natur- und Landschaftsschutzes in Einklang zu bringen. Umfangreiche Abwägungsprozesse zwischen ökonomischen und ökologischen Erfordernissen sind somit erforderlich, um letzlich in Form von Resolutionen als Fürsprecher der Eifel agieren zu können.

Weitere Informationen - Hauptgeschäftsstelle des Eifelvereins, Stürtzstraße 2-6, 52349 Düren, Tel. 02421/13121, Fax 02421/13764, E-Mail: info@eifelverein.de, Internet: www.eifelverein.de

Die Wanderwege des Eifelvereins

Nord-Süd-Wege

Jakobsweg (115½ km, 4 Tage): Bonn - Bad Neuenahr - Wehr - Monreal - Moselkern

Karl-Kaufmann-Weg (198 km, 9 Tage): Brühl - Heimerzheim - Rheinbach - Kreuzberg - Hohe Acht - Nürburg - Daun - Maare - Manderscheid - Dreis - Quint - Trier

Erft-Lieser-Mosel-Weg (145½ km, 7 Tage): Euskirchen - Bad Münstereifel - Wershofen - Niederehe - Daun - Manderscheid - Wittlich - Lieser

Josef-Schramm-Weg (229 km, 11 Tage): Kreuzau - Nideggen - Gemünd - Kloster Steinfeld - Blankenheim - Jünkerath - Gerolstein - Mürlenbach - Kyllburg - Speicher - Kordel - Trier

INFO

➡**Wassermühlenweg** (16 km, Tagestour, Zugangsweg zum Josef-Schramm-Weg): Zülpich - Hausen
➡**Willibrordusweg** (179½ km, 7 Tage): Kreuzau - Schmidt - Gemünd - Kronenburg - Prüm - Waxweiler - Oberweis - Echternacherbrück
➡**Friedrich-Wilhelm-Knopp-Weg** (26 km, Tagestour, Zugangsweg zum Willibrordusweg): Langerwehe - Schmidt
➡**Matthiasweg** (232½ km, 10 Tage): Aachen - Rott - Dedenborn - Hellenthal - Hallschlag - Bleialf - Dasburg - Körperich - Bollendorf - Echternacherbrück - Trier
➡**Hüttenweg** (23½ km, Tagestour, Zugangsweg zum Matthiasweg): Eschweiler - Zweifall - Wander-P Venwegen - Kitzenhaus

Ost-West-Wege

➡**Krönungsweg** (133 km, 7 Tage): Bonn - Rheinbach - Kreuzweingarten - Kommern - Heimbach - Simonskall - Mulartshütte - Aachen
➡**Klosterweg** (10 km, Tagestour, Zugangsweg zum Krönungsweg): Schlich - Zweifall - Schevenhütte - Omerbachtal
➡**Hürtgenwaldweg** (20½ km, Tagestour, Zugangsweg zum Krönungsweg): Obermaubach - Hürtgen - Zweifall
➡**Römerweg** (12½ km, Tagestour, Zugangsweg zum Krönungsweg): Zülpich - Mechernich - Hostel
➡**Ahr-Venn-Weg** (116 km, 5 Tage): Sinzig - Altenahr - Bad Münstereifel - Gemünd - Einruhr - Monschau
➡**Rhein-Rureifel-Weg** (127½ km, 5 Tage): Brohl - Kempenich - Antweiler - Blankenheim - Hellenthal - Monschau
➡**Vulkanweg** (177 km, 8 Tage): Andernach - Niederzissen - Mayen - Boos - Ulmen - Manderscheid - Üdersdorf - Daun - Gerolstein
➡**Rhein-Kyll-Weg** (124 km, 5 Tage): Weißenthurm - Korbs Mühle - Mayen - Nürburg - Hillesheim - Kronenburg
➡**Karolingerweg** (80½ km, 4 Tage): Cochem - Ulmen - Daun - Mürlenbach - Prüm
➡**Mosel-Our-Weg** (112 km, 6 Tage): Alf - Bad Bertrich - Manderscheid - Kyllburg - Bitburg - Neuerburg - Ourtal/Bivelser Steg

Weitwanderwege

➡**Moselhöhenweg** (Eifelseite, 183½ km, 11 Tage): Wasserbilligerbrück - Trier - Schweich - Klüsserath - Lieser - Ürzig - Alf - Cochem - Karden - Lasserg - Hatzenport - Kobern-Gondorf - Koblenz-Güls
➡**Rheinhöhenweg** (linke Rheinseite, 88½ km, 4 Tage): Bonn - Oberwinter-Waldheide - Sinzig - Andernach - Koblenz

Regionalwanderwege

➡**Ahrtalweg** (81 km, 5 Tage): Ahrquelle/Blankenheim - Ahrdorf - Schuld - Altenahr - Ahrweiler - Ahrmündung/Sinzig
➡**Erfttalweg** (46 km, 2 Tage direkte Verbindung vom Karl-Kaufmann-Weg zum Erft-Lieser-Mosel-Weg): Kerpen-Horrem (Bahnhof) - Euskirchen
➡**Jugendherbergs-Verbindungsweg** (75½ km, 3 Tage): JH Bad Münstereifel - JH Blankenheim - Kronenburg - JH Hellenthal

Blick ins Ourtal

INFO

Der Eifelsteig

Unter dem Motto »Wo Fels und Wasser dich begleiten« führt der Eifelsteig auf einer Länge von 313 Kilometern von Kornelimünster bei Aachen bis nach Trier.
Der Eifelsteig gehört zu den »Top Trails of Germany«, Fernwanderwege, die sich durch naturnahe Wege, eine vielfältige Landschaft und eine ausgezeichnete Wanderinfrastruktur auszeichnen. Darüber hinaus strebt der Eifelsteig die Zertifizierung zum Premium-Wanderweg nach den Kriterien des Deutschen Wanderinstitutes an.
Von der ebenen Nordeifel rund um Aachen steigt man auf zum Hohen Venn, Europas größtem noch lebendem Hochmoor, wandert durch das Rurtal, entlang an beeindruckenden Stauseen, durch den Nationalpark Eifel und über die Kalk- und die Vulkaneifel schließlich in die Südeifel. Neben der herrlichen Landschaft erlebt man auch zahlreiche kulturelle und historische Sehenswürdigkeiten. Wanderfreundliche Unterkünfte, die u. a. auch nur einzelne Übernachtungen, Gepäcktransfer, Lunchpakete und Tourenberatung anbieten, runden das Wandererlebnis ab. Ein weiterer Pluspunkt ist die hervorragende, lückenlose Markierung der Route mit Wegweisern, Standortschildern und touristischen Informationen wie Hinweisen auf Aussichtspunkte, Übernachtungs- und Einkehrmöglichkeiten, und in regelmäßigen Abständen gut sichtbar angebrachten Markierungen. Während der Eifelsteig-Hauptweg durch blaue Pfeile auf den Wegweisern gekennzeichnet ist, führen die gelben Pfeile den Wanderer zu den sog. Partnerwegen oder »Erlebnisschleifen«, die die Eindrücke der Hauptroute zusätzlich bereichern. Gute Busverbindungen ermöglichen eine individuelle Tourenplanung.
Der Eifelsteig ist in 15 Etappen á 14 bis 29 Kilometer zu bewältigen. Wanderpauschalen unterschiedlicher Dauer mit Gepäcktransfer werden ebenso angeboten wie maßgeschneiderte, individuelle Touren.
Weitere Informationen - Eifel Tourismus GmbH, Kalvarienbergstraße 1, 54595 Prüm, Tel. 06551/9656-0, Fax: 06551/9656-96, E-Mail: info@eifelsteig.de, Internet: www.eifelsteig.de

Der Eifelsteig am Kalvarienberg bei Blankenheim-Alendorf

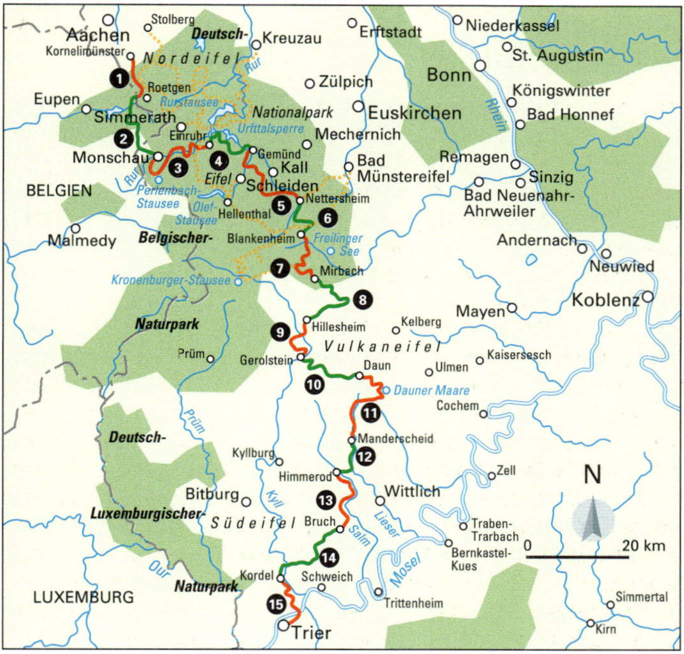

Die Etappen des Eifelsteigs:

1) Kornelimünster - Roetgen (14 km, 3 ½ Stdn.)
2) Roetgen - Monschau (17 km, 4 Stdn.)
3) Monschau - Einruhr (24 ½ km, 6 Stdn.)
4) Einruhr - Gemünd (21 km, 5 ½ Stdn.)
5) Gemünd - Kloster Steinfeld (17 ½ km, 5 Stdn.)
6) Kloster Steinfeld - Blankenheim (22 ½ km, 6 ½ Stdn.)
7) Blankenheim - Mirbach (17 ½ km, 5 Stdn.)
8) Mirbach - Hillesheim (25 ½ km, 6 ½ Stdn.)
9) Hillesheim - Gerolstein (20 km, 5 ½ Stdn.)
10) Gerolstein - Daun (25 km, 6 Stdn.)
11) Daun - Manderscheid (23 km, 6 ½ Stdn.)
12) Manderscheid - Kloster Himmerod (18 km, 5 Stdn.)
13) Kloster Himmerod - Bruch (20 ½ km, 5 ½ Stdn.)
14) Bruch - Kordel (29 km, 8 Stdn.)
15) Kordel - Trier (18 km, 5 Stdn.)

TOUR
01

2 Stdn.

Aachen - Historischer Stadtrundgang

Anfahrt - Von Köln A 4. - Von Düsseldorf/Neuss A 46/A 44. - Bahnverbindungen aus allen Richtungen (u. a. ICE, Thalys).
Parken - Parkleitsystem zu den Parkhäusern der Innenstadt. Park & Ride-Parkplätze mit Busanbindung: Bendplatz/Kühlwetterstraße, Jülicher Straße/Berliner Ring, Waldfriedhof/Monschauer Straße, Westfriedhof/Vaalser Straße.

Aachen - Die alte Kaiserstadt liegt direkt an der Grenze zu Belgien und den Niederlanden. An den heißen Quellen in der Talmulde von Aachen, wo bereits die Kelten siedelten, bauten die Römer Thermen, Tempel und Wohnhäuser. Gegen Ende des 2. Jh. war Aachen ein Badeort von 20 ha Größe mit zwei großen Thermen. Der Ort wurde Aquis Grani (»An den Wassern des Granus«) genannt. Die Franken gaben ihm den Namen Ahha (»Wasser«). Karl der Große erwählte Aachen zum ständigen Wohnsitz und ließ eine große Pfalz nach römischen, byzantinischen und germanischen Bauideen errichten, die von Zeitgenossen ein »zweites Rom« genannt wurde. Er und eine Vielzahl anderer gekrönter Häupter kurierten ihre Beschwerden in den heißesten Quellen nördlich der Alpen (bis zu 74° C). Heute gibt es hier moderne Kurkliniken und die Carolus-Thermen mit ihrer großzügigen Bade- und Wellnesslandschaft. Der Dom und das historische Rathaus bilden ein wundervolles Ensemble, um das sich lebhaftes Treiben abspielt. Stolze Bürgerhäuser, historische Plätze und die Vielfalt der Brunnen sind eine ideale Kulisse für Feste, Märkte und Künstlertreffen.
Der Rundgang - Ausgangspunkt ist der zentral gelegene 1) Elisenbrunnen. Der 1822 von Schinkel entworfene Säulenbau ist eines der berühmtesten Wahrzeichen von Bad Aachen und wurde benannt nach Kronprinzessin Elisabeth von Bayern (1801-1873, Ehefrau des preußischen Königs Friedrich Wilhelm IV.), die häufig in Aachen weilte. Im Elisenbrunnen befinden sich zwei Thermaltrinkbrunnen. Auf der gegenüber liegenden Seite der Ursulinerstraße steht eine moderne Bronzeplastik: drei Jugendliche heben ihren kleinen Finger zum Aachener Gruß, dem 2) Klenkes. Durch die Buchkremerstraße kommt man in das alte Kurgebiet der Stadt. Rechts befindet sich das 3) Römerbad mit spätklassizistischer Fassade. Auf dem kopfsteingepflasterten Platz gegenüber steht der 4) Bahkauvbrunnen. Der Sage nach sprang das »Bahkauv« (= Bachkalb) auf die Schultern spät heimkehrender Zecher und ließ sich von ihnen bis vor ihre Haustür tragen. Direkt gegenüber befindet sich das neue Kaiserbad, hier entspringt die Kaiserquelle. Heute ist es als architektonische Besonderheit ein Treffpunkt für Aachener und ihre Gäste. Etwas oberhalb am Büchel/Ecke Körbergasse zeigt die Bronzefigur ein Mädchen mit einem großen Printenmann vor den 5) Alt Aachener Kaffeestuben. Durch die Körbergasse (bereits im Jahre 1745 wies der Name

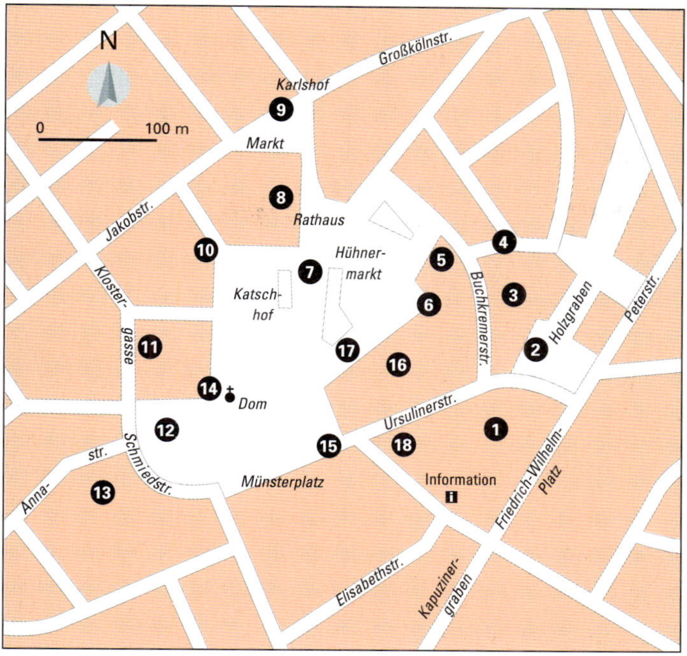

auf das hier traditionell ansässige Körbergewerbe hin) geht man zum römischen 6) Portikus, der Nachbildung einer römischen Säulenhalle. Rechts durch die Romaneygasse erreicht man den Hühnermarkt mit dem Brunnen 7) Hühnerdieb. Unterhalb des Brunnens steht das Couven Museum, in dem es Beispiele zeitgenössischer Wohnkultur des 18. Jh. zu sehen gibt und das benannt ist nach dem bedeutendsten Aachener Architekten und Stadtbaumeister Johann Joseph Couven. Wieder aufwärts steht man vor dem 8) Granusturm des Rathauses. Rechts daneben befindet sich ein Fachwerkhaus mit reich geschnitztem barockem Holzfachbau, dem Postwagen. Auf dem 9) Markt stehen das Rathaus und der Karlsbrunnen. Das 1620 gegossene Original der Brunnenfigur Karls des Großen befindet sich im Krönungssaal des Aachener Rathauses. Auf den Fundamenten der karolingischen Pfalz aus dem 8. Jh. erbaute die Bürgerschaft im 14. Jh. das gotische Rathaus mit dem Krönungssaal im ersten Stock. Im 17./18. Jh. wurde das Rathaus zum barocken Stadtschloss umgebaut. 50 Statuen deutscher Herrscher zieren die reich geschmückte Nordfassade (4 weitere Königsstatuen stehen an der Ostfassade). 31 der dargestellten Könige wurden in Aachen gekrönt. Im fast 1000 m^2 großen Krönungssaal sind Nachbildungen der Reichskleinodien ausgestellt. Besichtigung: Täglich 10-13 und 14-17 Uhr. Um das Rathaus herum gelangt man zum 10) »Kräutergarten Karls des Großen« und zum Katschhof. Rechter Hand führen die Ritter-Chorus-Straße und die Klostergasse zur 11) Domschatzkammer, in der u. a. das Lotharkreuz, die Karlsbüste und der Marienschrein zu sehen sind. Von hier

Blick auf das Rathaus in Aachen

geht man links zum Fischmarkt mit dem 12) Fischpüddelchenbrunnen. An der Ecke Schmiedstraße steht das erste Rathaus der Stadt von 1267, das heutige 13) Stadtarchiv. Links vom Brunnen kommt man durch das eiserne Tor zum 14) Domhof mit Blick auf den karolingischen Westbau des Doms mit seinem großen Bronzeportal. In dessen Wolfstüre ist der Sage nach noch heute der Daumen des Teufels im Löwenmaul zu fühlen. Der Dom gehört zu den großen europäischen Bauwerken und ist durch die Aufnahme in die UNESCO-Liste des Weltkulturerbes als Denkmal anerkannt und gewürdigt. Sprechende Hinweise auf Aachen als das »zweite Rom« bilden die Bronzebildwerke einer Bärin und eines Pinienzapfens als Wasserspender in der Vorhalle. Das Zentrum der Pfalzkapelle bildet das Oktogon mit dem umlaufenden Sechzehneck nach Vorbildern aus Ravenna und Konstantinopel. Auf dem oberen Umlauf steht der marmorne Kaiserthron Karls des Großen. Neben dem Glanz, der von der Krönungskirche der deutschen Könige ausgeht, ist es die Funktion der alten Pfalzkapelle als Grabstätte Karls des Großen, die ihr bis zum heutigen Tage ihre ungebrochene Strahlungskraft verleiht. Die Gebeine Karls des Großen wurden 1215 in den Karlsschrein, ein Kleinod staufischer Goldschmiedekunst, umgebettet, nachdem sie in einem spätantiken marmornen Prachtsarkophag (zu sehen in der Domschatzkammer) ihre erste Ruhestätte gefunden hatten. ÖZ Dom: täglich 7-19 Uhr, mehrmals täglich Führungen. Aus dem Dom heraus wendet man sich links zum 15) Münsterplatz mit Spatzenbrunnen und - weiter links - dem Vinzenzbrunnen (einem Kirchturm ähnlich). Die 16) Kirche St. Foillan wurde 1482 an der Stelle des Vorgängerbaus aus dem 12. Jh. errichtet. Weiter durch Aachens älteste Händlerstraße, die malerische Krämerstraße, gelangt man zum 17) Puppenbrunnen mit seinen beweglichen Bronzefiguren. Man kehrt zurück zur Kirche St. Foillan. An der Ecke Ursuliner-/Hartmannstraße zeigt der 18) Geldbrunnen sehr anschaulich den Kreislauf des Geldes. Durch die Ursulinerstraße geradeaus erreicht man den Elisengarten mit dem historischen Elisenbrunnen, an dessen Beckenrand aus der Bronzefigur, dem »Flötenspieler«, in der Winterzeit warmes Thermalwasser geleitet wird, damit die Fontäne ganzjährig betrieben werden kann. Der hohe gotische Turm des Domes bildet hier nocheinmal die wirkungsvolle Kulisse des einzigartigen Stadtbildes.

Weitere Sehenswürdigkeiten

- **Ludwig Forum für internationale Kunst** - Der Schauplatz zeitgenössischer Kunst wird durch Darbietungen darstellender Kunst ergänzt. - ÖZ: Di., Mi., Fr. 12-18 Uhr, Do. 12-20 Uhr, Sa. und So. 11-18 Uhr. Kostenlose Führung So. 12 Uhr.
- **Suermondt-Ludwig-Museum** - Vielfältige Spezialsammlungen und Ausstellungen von der Antike bis zur Moderne. - ÖZ: Di., Do., Fr. 12-18 Uhr, Mi. 12-20 Uhr, Sa. und So. 11-18 Uhr. Kostenlose Führungen So. 12 Uhr und Mi. 18.30 Uhr.
- **Internationales Zeitungsmuseum** - Einzigartig auf der Welt. Als »Standesamt« der Weltpresse enthält es in erster Linie Probeexemplare sowie Erst-, Jubiläums- und Schlussausgaben des internationalen Pressewesens. - ÖZ: Di.-Fr. 9.30-17 Uhr.
- **Computer-Museum** - Das älteste und in dieser Form einmalige Computermuseum Deutschlands. Es wird die Entwicklung vom Abakus bis zum PC - auch für den Laien verständlich - dargestellt. Zahlreiche historische Originale, Nachbauten und Modelle dürfen benutzt werden und machen die Geschichte der EDV »begreifbar«. - ÖZ: Di. 8.30-13 Uhr, Mi. 15-18 Uhr.
- **Kornelimünster** - Im südwestlichen Stadtgebiet Aachens mit seinen schönen Bürgerhäusern aus dem 17. und 18. Jh. und dem Barockkloster ist die 1000-jährige romanisch und gotisch-barocke Abteikirche ein lohnenswertes Ausflugsziel. Eine Dauerausstellung in den barocken Räumen der ehemaligen Reichsabtei präsentiert einen Querschnitt durch die Kunstgeschichte Nordrhein-Westfalens von 1946 bis 2007. Darüber hinaus finden in verschiedenen Bereichen des Gebäudes interessante Wechselausstellungen statt. - ÖZ: Di. und Mi. 10-13 und 15-17 Uhr, Sa. 15-18 Uhr, So. 12-18 Uhr.

TOUR
02

Roetgen - Parkplatz Pilgerborn - Fringshaus - Schwarzwildgehege - Roetgen

15 km

3¾ Stdn.

Charakteristik - Idyllischer Wanderweg durch die Weserauen mit ursprünglicher Hecken- und Wiesenlandschaft zu einem Schwarzwildgehege und wieder zurück ins gemütliche Roetgen.
Anfahrt - A 44 Jülich - Aachen, Ausfahrt Aachen-Lichtenbusch, weiter auf B 258 Richtung Monschau bis Roetgen, dort an der Tankstelle links auf die Rosentalstraße, zur Rechten liegt das Ristorante Bellini & Toto. - Vom Hbf. Aachen mit der Buslinie SB 63 bis zur Haltestelle Roetgen Post, dann rechts zum Marktplatz, rechts in die Rosentalstraße, links befindet sich das Restaurant.
Parken - Gäste-P Ristorante Bellini & Toto.

Roetgen - Der Ort galt schon bei den Römern als das »Tor zur Eifel«. 1475 wird Roetgen das erste Mal urkundlich erwähnt und entwickelt sich in späterer Zeit zum Weberdorf. Auch für Schmuggler gewann der Ort an Bedeutung, sie »transportierten« Kaffee von Belgien nach Deutschland. Heute kann man auf den einstigen Schmugglerpfaden Wanderungen durch das Hohe Venn unternehmen.

Roetgen - Wanderparkplatz Pilgerborn - 1 ¼ Stdn. - Vor dem Restaurant stehend die Rosentalstraße rechts entlang, dann in die Bahnhofstraße rechts einbiegen. Vor dem Bahndamm links Richtung [Monschau, Touristeninformation, Eifelsteig, Nordwanderweg]. An der Straße links herum, über die Verkehrsinsel die Straße überqueren (i links), auf dem Postweg dem [Eifelsteig] links folgen. Rechts auf Wintergrünstraße, geradeaus auf Mühlenbendstraße, hinter dem Bahndamm links, [Eifelsteig], dann rechts an der Hecke entlang, über die Weser-Brücke hinweg. Asphaltweg links [Nordwanderroute, Eifelsteig, gelbes Kreuz], immer geradeaus nach Elsenborn, dort links und sofort rechts, [Gelbes Kreuz]. Später die Brücke der Weser überqueren, dann links hoch [ohne Markierung], oben an der Straße links in den Wollwaschweg, nächste Straße rechts. Der Pappelallee bis zum Wander-P Pilgerborn folgen.

Die Weser - Das Quellgebiet des ca. 60 km langen Flusses liegt in der Umgebung von Konzen, unweit von Roetgen. Das saure, kalkarme Wasser der Weser (Vesdre) war Anfang des 17. Jh. Quelle für die aufblühende Textilindustrie und dient heute wegen seiner Reinheit hauptsächlich zur Trinkwasserversorgung. Der abgetrennte Hauptstrom durchfließt die Wesertalsperre nahe Eupen. Bei Lüttich fließt die Weser in die Ourthe.

Pilgerborn - Fringshaus - 1 Std. - Vom P links weiter in den Wald. Zur Rechten fließt die Weser durch den Auwald. Weiter geradeaus mit den Markierungen [Gelbes Kreuz], [Blaue Raute], [Grüne Raute]. An der Kreuzung links bis zum Fringshaus.

Fringshaus - Schwarzwildgehege - 1 Std. - An der Bundesstraße zuerst links auf dem Fahrradweg, dann die Straßenseite wechseln, links bergab weiter. Am nächsten Schotterweg rechts, an der Kreuzung links in den [Grünen Weg] einbiegen. Geradeaus auf den Asphaltweg, auf der Neustraße bis zur größeren Kreuzung, dort rechts auf die Grünepleistraße. Geradeaus liegt der Wanderparkplatz Schleebachbrücke. Hinter der Brücke links, Wegweiser [Schwarzwildpark, A 2, A 3], geradeaus über die Brücke, am Ende des Parkplatzes hinter der Infotafel links dem kleinen Trampelpfad bergab folgen, Richtung Bach. Am Holzgeländer weiter auf [A 2]. Rechts liegt das große Schwarzwildgehege.

Schwarzwildgehege - Roetgen - ½ Std. - Geradeaus am Bach entlang auf [A 2] bleiben. Weiter bis zum Wanderparkplatz Kuhberg. Hier mit Wegweiser [Ortsmitte] in den Ort hinein. Links über die Brücke, an der Kreuzung links Richtung [Roetgen]. Immer geradeaus - rechter Hand liegt die Marienkapelle - bis zum Markt, dort rechts in die Rosentalstraße. Später folgt links das Ristorante Bellini & Toto.

Ristorante Bellini & Toto - Das stilvolle italienische Ristorante bietet neben Pasta, Pizza und Flaschenweinen auch hausgemachte Spezialitäten wie Desserts, Wild, Lamm und selbstgemachte Nudeln. Das Restaurant verfügt über eine gemütliche Gartenterrasse. Kinder- und Seniorenteller sowie Mittagsgerichte und Tagesgerichte werden ebenfalls angeboten. Italienische Abende mit Live-Musik können auf Anfrage gebucht werden. - ÖZ: Mo.- Fr. 11-14.30 und 17.30-23 Uhr, Sa. und So. 11-23 Uhr. Kein Ruhetag.

TOUR
03

Rott - Struffelt - Dreilägerbachtalsperre - Talkenbergsteg - Kleebend - Rott

13 km

3 ¼ Stdn.

Charakteristik - Der abwechslungsreiche Weg führt durch ein Feuchtheidegebiet, an einem romantischen Bachlauf entlang, der in einen kleinen Wasserfall mündet, und durch einen wildreichen Wald.
Anfahrt - A 44 Jülich - Aachen, Ausfahrt Aachen-Lichtenbusch, weiter auf B 258 Richtung Monschau, am Relais Königsberg links abbiegen Richtung Rott. Im Ort links abbiegen auf die Quirinusstraße, zur Linken liegt der Gasthof Hütten. - Vom Hbf. Aachen Busverbindungen bis zur Haltestelle Rott Kindergarten, dann die Quirinusstraße bergauf bis zum Gasthof.
Parken - Gäste-P am/hinter dem Gasthof Hütten.

Roetgen- Rott - Das kleine Dorf wurde 1503 das erste Mal erwähnt. Der Name ist wahrscheinlich auf die damalige Waldnutzung, die Brandrodung, zurückzuführen.
Gasthof Hütten - Der im ursprünglichen Ortskern gelegene Gasthof verfügt über einen urigen Biergarten und bietet in ungezwungener Atmosphäre und gemütlich eingerichteten Räumen bis zu 60 Personen Platz. Die Karte beinhaltet neben regionalen Speisen auch Kinder- und Seniorenteller, Tagesgerichte und Hausspezialitäten wie Rumpsteak, gefüllte Pizzabrötchen und knackige Salate. Am Wochenende ist der Gast auch zur Frühstücks- und Kaffeezeit willkommen. Sehr gutes Preis-Leistungs-Verhältnis. - Kein Ruhetag.
Rott - Struffelt - ¾ Std. - Vor dem Gasthof Hütten in die Leistraße einbiegen, dann links weiter über den Brunnenweg. Geradeaus über den Feldweg, später Trampelpfad, in den Wald hinein, dort ein Stück am Vichtbach entlang. Schräg rechts halten, weiter links hoch auf den [Eifelsteig], Wegweiser [Dreilägerbachtalsperre, Struffelt]. Der Markierung

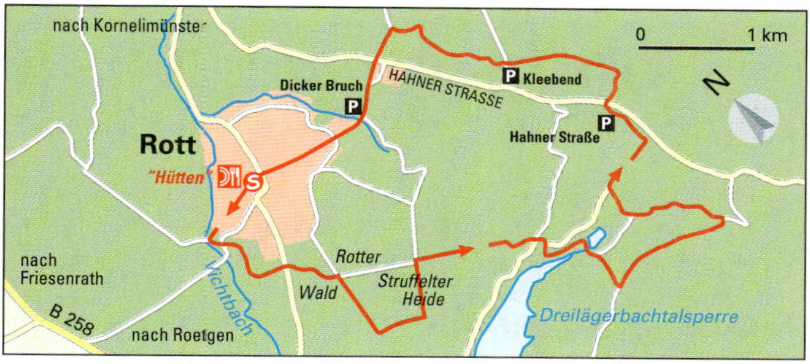

[Eifelsteig] rechts den Berg hinauf folgen. Die Straße überqueren, weiter auf [Eifelsteig] den Wald durchwandern, links halten, dann schräg rechts, an der V-Kreuzung rechts bis zum Parkplatz. Auf dem Parkplatz zur Linken über die Moorwanderroute. Straße überqueren, auf [Eifelsteig], Hinweisschild [NSG Struffelt]. An der Kreuzung rechts weiter [ohne Markierung]. An Info-Tafel links auf Bohlenweg abbiegen (NSG), diesem weiter links folgen, AP.

Der Struffelt - Wie ein kleines Abbild des Hohen Venn wirkt das 56 ha große Heidemoorbiotop. Durch landwirtschaftliche Übernutzung im 17. Jh. entstand diese eindrucksvolle Landschaft, die 175 Pflanzen-, 54 Vogel-, 156 Falter- und 108 Käferarten beherbergt. Der Name stammt von dem Wort Strute (=Gebüsch, Dickicht, sumpfiges Gelände).

Struffelt - Dreilägerbachtalsperre - ½ Std. - Später rechts weiter Richtung [Vorbecken Dreilägerbachtalsperre], zur Rechten Info-Tafel. Geradeaus über den Grenzweg, an der Kreuzung links auf Asphaltweg, die Brücke des Hasselbachgrabens überqueren auf [A 1], dann rechts auf [A 2], Richtung [Vorbecken]. Zur Rechten liegt die unberührte Dreilägerbachtalsperre, links folgt das Vorbecken, über die Brücke hinweg AP.

Dreilägerbachtalsperre - 1909-1911 wurde die 4,28 Mio. m³ fassende Talsperre zur Trinkwassergewinnung gebaut. Das Wasser stammt aus dem Dreilägerbach, den künstlich angelegten Schleebachgraben

Luftaufnahme der Dreilägerbachtalsperre

und Hasselbachgraben sowie über einen Verbindungsstollen aus der 6 km entfernten Kalltalsperre.

Dreilägerbachtalsperre - Talkenbergsteg - ½ Std. - Bei der Info-Tafel zur Linken dem Weg weiter links folgen, an der T-Kreuzung rechts abbiegen, geradeaus bis zum Schleebachgraben, dort links am Bach entlang, [A 2, A 3]. Dem Weg weiter rechts über die Brücke folgen, dann links über [A 2, A 3, Dreilägerbach], rechts am Bachlauf entlang. Später links auf dem Talkenbergsteg am Holzgeländer hoch. Zur Rechten Schutzhütte mit wunderschönem Ausblick auf den Wasserfall.

Talkenbergsteg - Kleebend - 1 Std. - Links weiter mit Markierung [Winkel], [Matthiasweg] und [A 2, Moorroute], Richtung [Wanderparkplatz Hahner Straße], an der Kreuzung geradeaus auf kleinen Trampelpfad, diesem bergauf folgen. Am Asphaltweg angekommen rechts, vor der Hahner Straße über die Holzbrücke links bis zum Parkplatz, Markierung [Winkel, A 2], den Parkplatz überqueren Richtung [Hasselbach]. Am Ende des Parkplatzes rechts halten und die Hahner Straße überqueren, weiter dem [Winkel] folgen. An der Kreuzung links abbiegen, Markierung [Winkel], über die Brücke des Hasselbachgraben hinweg, [A 1, Winkel].

Kleebend - Rott - ½ Std. - Am Asphaltweg ein kleines Stück rechts, dann links, [A 2, Winkel], an der Kreuzung links, wieder links Richtung Parkplatz. Die Straße überqueren in die Lammersdorfer Straße hinein. Später alternativ kleiner Trampelpfad links mit kleinem Brunnen parallel zur Straße. Bis zum Kreisverkehr geradeaus, über den Kreisverkehr hinweg, schräg geradeaus liegt der Gasthof Hütten.

TOUR
04

Mestrenger Mühle - Simonskall - Mestrenger Mühle

7 ½ km

2 Stdn.

Charakteristik - Der Historische Wanderweg »Auf den Spuren der Köhler, Berg- und Hüttenleute« führt an der Kall entlang.
Anfahrt - A 44 Aachen - Jülich, Ausfahrt Lichtenbusch, B 258 Richtung Monschau, dann Richtung Lammersdorf, auf B 399 Richtung Vossenack, der Beschilderung folgen - A 4 Köln - Aachen, Ausfahrt Düren, B 56, dann B 399 Richtung Hürtgenwald, Vossenack, Beschilderung folgen - Bhf. Düren mit Linie 286 bis Vossenack, weiter Linie 81 bis Mestrenger Mühle (nur an Sonn- und Feiertagen).
Parken - Gäste-P an der Mestrenger Mühle.

Simonskall - Die erste urkundliche Erwähnung erfolgte im Zusammenhang mit dem Bau einer Glashütte und einer Seifensiederei im Jahre 1608. Der Hüttenmeister Simon Kremer (»Simon op der Callen«) gab dem Ort seinen Namen und erbaute 1643 den Kremer Hof, die sog.

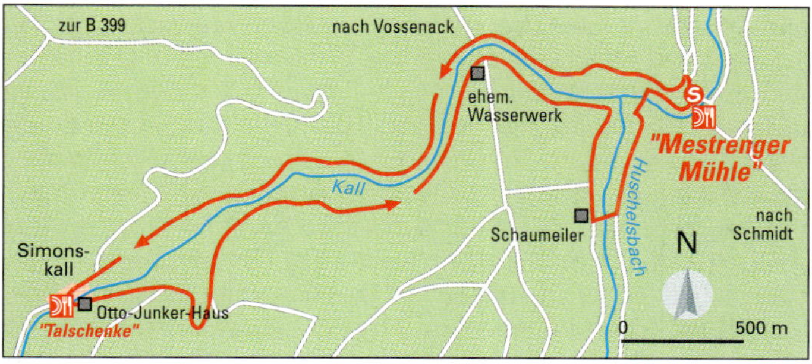

»Burg«. 1608 wurde auch das heute denkmalgeschützte Otto-Junker-Haus errichtet. An das Doppelhaus ist ein mit Schießscharten versehener Wehrturm angebaut. Das nach seinem letzten Besitzer Otto Junker benannte Gebäude beherbergt heute die Tourist-Information (Haus des Gastes). Seit 2002 ist Simonskall staatlich anerkannter Erholungsort.

Mestrenger Mühle - Simonskall - 1 Std. - Vom P an der Mestrenger Mühle links hoch, [4], oben links auf [4-Täler-Route, Historischer Wanderweg, Schmugglerweg], Wegweiser [Simonskall]. Links am Bachlauf liegt ein NSG. An der großen Kreuzung links halten, mit [3, Historischer Wanderweg, Simonskall] bis Simonskall. Am P der Markierung [Historischer Wanderweg, 7] folgen. Geradeaus in den Ort hinein, links befindet sich das Junkerhaus mit der Tourist-Information. Das Restaurant Talschenke liegt rechts.

Restaurant Talschenke - In rustikaler und ungezwungener Atmosphäre bietet das Restaurant bis zu 80 Personen Platz (auch für Feiern und Veranstaltungen; Tagungsraum vorhanden). Die bodenständige Küche ist von regionalen Produkten geprägt, z. B. fangfrische Forellen aus dem Mühlenbach, Wild aus heimischen Revieren, hausgemachte Sülze und Eintöpfe, und bietet feine Saisonspezialitäten wie Gänsegerichte, Steinpilze, Pfifferlinge etc. Die nach alten Original-Rezepten hausgemachten Kuchen lassen sich besonders gut auf der Gartenterrasse genießen. In den gemütlichen, individuell eingerichteten Gästezimmern sind auch Pauschalen (»Wanderwoche«) buchbar. Mittlere Preislage. - Ruhetag = Mo.

Simonskall - Mestrenger Mühle - 1 Std. - Zurück zum Junkerhaus, von dort rechts über die Brücke, [3], Wegweiser [Schwammenauel, Schmidt, Teufelsley]. Auf der linken Seite befinden sich die Kremer Mühle (1622) und der Kremer Hof (»Burg«, 1643). Hinter der Brücke links, [3, 7, Bachtäler-Höhenroute] - rechts geht es zur Marienkapelle. Leichter Anstieg, geradeaus weiter, Wegweiser [Schwammenauel, A 2, 7, 3, Bachtäler-Höhenroute], rechts NSG und AP. An der Kreuzung links hinunter über den Bach hinweg, Markierung [Winkel], den schmalen Pfad bergauf, uriger Baumbestand. Oben links mit [Bachtäler-Höhenroute, Historischer Wanderweg, 3]. An der Kreuzung rechts weiter, [3], vorbei am Meilerplatz mit AP oberhalb. Geradeaus weiter mit Wegweiser [Schwammenauel, Sonnenstrand Eschauel, Schmidt], [Historischer Wanderweg]. Am Wegesrand folgt das alte Wasserwerk (Info-Tafel zur Linken). Dann erreicht man rechts einen Schaumeiler mit Info-Tafel über Hüttenabbau im Kalltal (16.-19. Jh.). An der Kreuzung links abbiegen Richtung [ehem. Lukasmühle, Mestrenger Mühle]. Durch das Huschelbachtal auf dem [Historischen Wanderweg] mit einem kleinen Teich zur Rechten. Am Ende links weiter, [8]. Unten am Bach entlang halten durch einen geheimnisvollen Wald mit Fichten, Erlen, Eichen und Buchen. Links abbiegen auf [8], der Weg schlängelt sich ins Tal. Über die kleine Holzbrücke, dahinter rechts, das zauberhafte Bachtal durchqueren bis zur Mestrenger Mühle.

Café-Restaurant Mestrenger Mühle - In der ältesten noch erhaltenen Mühle der Region, die 1663 als Ölmühle erbaut und später als Mahlmühle genutzt wurde, werden dem Gast in einem wunderschönen Ambiente neben Kaffee und Kuchen auch Hausspezialitäten wie Forellen- und Wildgerichte serviert. Weitere Angebote findet man auf der Tages-, Senioren- und Kinderkarte. Für Kinder gibt es viel zu entdecken und einen Spielplatz. Von April bis Oktober findet freitags der Mühlenstuben-Abend mit wechselnden Angeboten (z. B. Wildbuffet, Grillabende) statt. Hausgemachte Produkte (Blut- und Leberwurst, geräucherte und ungeräucherte Forellen, Wildbret) werden auch zum Mitnehmen angeboten. Gruppen sind herzlich willkommen. Mittlere Preislage. - ÖZ: Täglich 10-18 Uhr (ab 18 Uhr nach Vereinbarung), von November bis März Ruhetage = Mo. und Di.

TOUR
05

12 km

3½ Stdn.

Vossenack - Germeter - Pilgerdenkmal - Raffelsbrand - Todtenbruch - Vossenack

Charakteristik - Der abwechslungsreiche Weg führt hinab zu einem romantischen Bachtal, weiter durch eine herrliche Wald- und Wiesenlandschaft zu einem imposanten Moorgebiet mit Geopfad und durch ein Bachtal zurück zum Ausgangspunkt.
Anfahrt - A 4 Köln - Aachen, Ausfahrt Düren, dann B 56 bis Düren, weiter auf B 399 Richtung Simmerath. Das »Forsthaus« liegt an der B399 bei Vossenack. - Aus Richtung Koblenz A 61, Ausfahrt Erftstadt, über Lechenich und Erp nach Nideggen, rechts abbiegen nach Kleinhau, dort links auf die B 399 nach Vossenack. - Aus Richtung Düsseldorf oder Belgien A 44, Ausfahrt Aachen-Brand, über Kornelimünster, Breinig und Zweifall zur B 399, auf dieser nach Vossenack. - IC-Bahnhof Düren, von dort kostenloser Transfer zum »Forsthaus«.
Parken - Großer Gäste-P Hotel-Restaurant »Zum Alten Forsthaus«.

Vossenack - Der staatlich anerkannte Erholungsort wurde im Jahre 2006 im Wettbewerb »Unser Dorf hat Zukunft« auf Landesebene mit einer Bronzemedaille ausgezeichnet. An die »Schlacht im Hürtgenwald«, bei der 1944 zehntausende Menschen umkamen, erinnern die Ehrenfriedhöfe Vossenack und Hürtgen und das Museum »Hürtgenwald 1944 und im Frieden« in Vossenack. Sehenswert ist auch das in den 1960er Jahren erbaute Franziskanerkloster mit Gymnasium und Internat.
Hotel-Restaurant »Zum Alten Forsthaus« - Das von Wald umgebene Haus bietet behagliche Gästezimmer, Hallenbad, Saunen und Wellnessbereich. Attraktive Pauschalen. Gemütliche Gasträume im Landhausstil mit heiterer Atmosphäre. Saisonale Köstlichkeiten und Eifeler Spezialitäten, Wild- und Fischkreationen - alles hausgemacht aus zeitgemäßer Naturküche. Kinderkarte. Vesper. Alle Preislagen. - Kein Ruhetag.

Vossenack - Germeter - Pilgerdenkmal - 1 ½ Stdn. - Vom P am »Alten Forsthaus« an der Wehebachstraße auf Wanderweg [7 a] geradeaus (Bundesstraße nicht überqueren). An der Kreuzung geradeaus weiter in einen Waldweg (Schotterweg) durch Mischwald mit Buchen, Eichen und Lärchen. Über Kreuzung geradeaus hinweg. Am Wegesrand ist ein interessantes Unterholz mit Waldblumen und einzelnen Birken zu sehen. Beim Abzweig weiter geradeaus auf [7 a] bleiben, abwärts. Dem »Hohlweg« folgen, später unten den Weißen Wehebach überqueren, NSG. Weiter der [7 a] folgen, geradeaus. An Abzweigung weiter geradeaus aufwärts. An T-Kreuzung rechts, jetzt [7]. Auf dem Weg bleiben, links liegt ein kleines Wasserbecken mit Sitzgelegenheit. Später passiert man einen großen lichten Hang mit kleinen Birken. Weiter bis zur großen Wegkreuzung, wo linker Hand ein Pavillon zur Rast einlädt. Nach links weiter aufwärts, später folgt die Markierung [10/A 5/Winkel]. An Abzweig geradeaus halten, der Markierung [Winkel] folgen. Rechter Hand stehen Buchen, links Ahorn- und Kastanienbäume. In der Kurve überquert man einen Bachlauf. Weiter mit [10/A 5/Winkel], auf befestigtem Weg weiter aufwärts durch Laubmischwald mit älterem Buchenbestand. Weiter auf dem Hauptweg (Linkskurve). Linker Hand steht das Pilgerdenkmal mit Rastmöglichkeit. An der Kreuzung links abbiegen, Richtung Raffelsbrand, Hochmoor, Todtenbruch und Simonskall.

Pilgerdenkmal - Todtenbruch - Raffelsbrand - 1 Std. - Rechter Hand erstreckt sich ein schöner Lärchenwald mit Krautschicht, später folgt eine große Lichtung mit schönem Ausblick auf das umliegende Mittelgebirge. Links liegt die »Nasse Kaul«, eine große Weidefläche. Geradeaus weiter dem Hauptweg und nun der Markierung [Bachtäler-Höhenroute] folgen. Auf Schotterweg bleiben, links blickt man auf eine schöne Wiesenlandschaft. An T-Kreuzung rechts weiter auf Asphaltweg, Wegweiser [Bachtäler-Höhenroute]. Erste Bauernhöfe, geradeaus bietet sich eine schöne Aussicht auf die Berglandschaft. Links am Strommast abbiegen und weiter der Markierung [Bachtäler-Höhenroute] folgen. Am Windrad rechts wieder dem Wegweiser [Bachtäler-Höhenroute] folgen auf Schotterweg. Links steht eine schöne Ginsterbuschhecke und man passiert das Hochmoorgebiet »Todtenbruch«. Ebenfalls links folgen später eine Informationstafel mit AP und Kreuz sowie ein malerischer Erlenwald. An der T-Kreuzung links mit Markierung [8]. - Alternative: Links besteht bald die Möglichkeit eines kleinen Bohlenwegs durch das Moor, s. Informationstafel. Der Weg endet auf einer kleinen Straße, dort rechts bis zum Wanderparkplatz. - Dem Hauptwanderweg [8] weiter geradeaus folgen, dieser wird nun zum Bodenlehrpfad, markiert mit [Maulwurf]. Rechts erinnert ein Gedenkstein an die ersten Siedler von Raffelsbrand.

➡ Raffelsbrand - Germeter - Vossenack - 1 Std. - Am Ende erreicht man einen P mit Informationstafeln. Kleine Straße überqueren, weiter mit [Maulwurf] auf Wiesenweg. Links befindet sich eine kleine, gemütliche Waldsitzgruppe. Am Ende links kurz in den Wald hinein, weiter mit [8]. Über Brücke, Holztreppen hinauf, leicht aufwärts. Oben weiter über Wiesenweg, der am Platz »Jugendwaldheim Raffelsbrand« endet. Geradeaus in den Waldweg hinein, rechter Hand bietet eine Waldhütte eine ideale Rastmöglichkeit. Am Ende an der T-Kreuzung links, weiter dem [Maulwurf] folgen. Später rechts Informationstafeln. Am Ende des Bodenlehrpfades weiter geradeaus. Am Abzweig weiter geradeaus mit Markierung [7]. Leicht abwärts, rechts fließt wieder der Weiße Wehebach. Später Bach überqueren, weiter auf [7], länger am romantischen Bachlauf entlang. Später an T-Kreuzung rechts abbiegen auf [7 a]. Etwas aufwärts. Auf bekanntem Weg (Hinweg) mit der [7 a] zurück bis zum Gasthof, kurz abwärts, nach Bachüberquerung aufwärts.

TOUR 06

Heimbach - Blens - Nideggen (Abenden) - Hausen - Heimbach

Charakteristik - Eine Wanderung mit ständig wechselnden Landschaftseindrücken, durch schöne Wälder, tiefe Täler und wunderbare Auenlandschaften, sowie entlang am Flussufer mit vielseitiger Flora und Fauna!

Anfahrt - Von Aachen B 258 Richtung Monschau, ab Konzen Richtung Rursee bis Simmerath, weiter L 218 bis Heimbach. - Von Düren über Nideggen nach Heimbach. - Von Köln A 61, Ausfahrt Erftstadt, dann B 265 über Zülpich bis Vlatten, dann auf der L 218 nach Heimbach. - Zugverbindungen mit der Rurtalbahn vom Bahnhof Düren.

Parken - Am Rur Café, am Bahnhof oder Parkplätze »Über Rur« und »Laag«.

20 ½ km

5 Stdn.

✪ Heimbach - Der staatlich anerkannte Luftkurort wurde im Jahre 637 erstmals urkundlich erwähnt. Seit 2004 ist Heimbach Nationalparkstadt im Nationalpark Eifel und präsentiert im Nationalparktor mit Infoschaltern und Unterkunftsvermittlung eine Dauerausstellung zum Thema »Waldgeheimnisse«. Das Wahrzeichen der Stadt ist die Burg Hengebach, deren Anfänge bis in das 11. Jh. zurückreichen. Hofräume, Wehrgang und Burgfried sind ganzjährig zugänglich und bilden einen reizvollen Rahmen für Kulturveranstaltungen. Sehenswert sind auch die barocke Pfarrkirche St. Clemens und die Salvatorkirche mit dem Gnadenbild der Schmerzhaften Muttergottes in einem kostbaren Antwerpener Schnitzaltar. Oberhalb des Ortes im Waldgebiet des Kermeters liegt die Abtei Mariawald. Das Trappistenkloster geht zurück auf die Aufstellung einer Pietà im Jahre 1470, um die zunächst eine hölzerne Kapelle gebaut wurde und schließlich gegen Ende des 15. Jh. das Kloster mit einer steinernen Kirche entstand. Seit 1905 ist das Kraftwerk Heimbach in Betrieb, das Besuchern interessante Einblicke in die Stromerzeugung mit Wasserkraft vermittelt. Die Rurtalsperre und die Urfttalsperre, von der das Kraftwerk sein Wasser bezieht, dienen auch zum Hochwasserschutz und sind bei Erholungssuchenden und Wassersportlern sehr beliebt.

Heimbach - Blens - Abenden - 2 ½ Stdn. - Vom Rur Café rechts über die Brücke (Hasenfelderstraße), hinter der Brücke rechts und an Schwimmbad und Tennisanlagen vorbei immer entlang der Rur. Am Campingplatz mit [13] links steil aufwärts Richtung Blens. Nach 150 m Wegweiser [Blens] folgen und dann auf Waldpfad immer geradeaus. Dort genießt man schöne Blicke auf das Rurtal mit Möglichkeit zur Rast an einer Schutzhütte und Blick auf das NSG Breidelsley. Am Wegekreuz St. Hubertus rechts halten entlang einer Wiese, das Golddorf Blens erscheint im Blickfeld. Dort Odenbachstraße rechts, nach 80 m hinter dem Friedhof links. Auf diesem Weg immer geradeaus, bis zu einer idyllisch an der Rur gelegenen Rastmöglichkeit, weiter aufwärts an einem kleinen Wildbach entlang über einen Steg und geradeaus, Wegweiser [Abenden] folgen. An der Weggabelung geradeaus nach Abenden. An der Bahnlinie entlang und am Bahnhaltepunkt rechts über die Rurbrücke bis zum

Haus Mühlbach - Der direkt an der Rur gelegene Fachwerkbau vom Ende des 19. Jh. ist innen und außen ein wahres Schmuckstück. Das Haus wird vom engagierten Gastronomenehepaar Andersch geführt und bietet gepflegte Gastlichkeit mit liebevoller Zuwendung zum Gast - wahrlich ein Ort, an dem man sich entspannen und wohlfühlen kann! Das Hotel verfügt über sieben Doppel- und ein Einzelzimmer, die alle mit sehr schönen Vogelauer Möbeln behaglich und komfortabel eingerichtet sind. Zu zivilen Preisen gibt es ein großes Angebot an re-

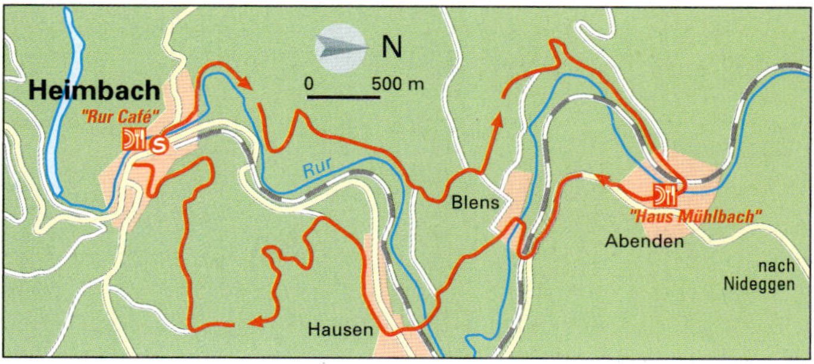

gionalen und jahreszeitlich orientierten Speisen. Wanderer mit Kindern und Hunden sind jederzeit herzlich willkommen. - Ruhetag = Do.

Abenden - Hausen - Heimbach - 2 ½ Stdn. - Vom Haus Mühlbach folgt man dem Wegweiser [Blens, Heimbach] auf einem Fußweg entlang der Landstraße bis Blens. Rechts über Bahngleise (Rurstraße) in den Ort über Brücke. Am Blenser Platz links in die St. Georg-Straße, vorbei an einer Kapelle bis zum Ortsende. Dort auf einem Teerweg dem Wegweiser [Hausen] und [13] folgen. In Hausen St. Nikolaus-Straße links, nach 150 m an Feuerwehr rechts abbiegen **(!)** auf kleinen Pfad, dann Teerweg durch Wohngebiet geradeaus bis zum Friedhof, dort links aufwärts zum Heiligenhäuschen. Links mit Wegweiser [Heimbach] und [13]. Diesem Weg mit wunderbaren Aussichten ca. 2 km folgen, dann zweite Möglichkeit rechts, [4, 24]. Auf diesem Weg bis Heimbach. Die Straße »Am Eichelberg« führt am Ende steil abwärts, vorbei am WIZE - Wasser Info Zentrum Eifel, das das Thema »Wasser« unter verschiedensten Gesichtspunkten beleuchtet: in Natur und Umwelt, in der Nutzung durch den Menschen von den Römern bis heute, in der Kunst und im Kinderspiel. Weiter in die Hengebachstraße, dort rechts bis zum Kreisverkehr und weiter entlang der L 249 (»An der Laag«) bis zum

Rur Café - Café und mehr. Zentral und schön gelegen, gegenüber Bahnhof und Tourist-Info direkt an der Rur! Moderne ansprechende Ausstattung mit großer Außenterrasse und Bistro-Atmosphäre. Reichhaltige Frühstücksauswahl und preiswerte kleine Speisen, großes Kuchenangebot. Do./Fr. Reibekuchen. - ÖZ: Di.-So. 9-18 Uhr. Ruhetag = Mo.

Rund um den Rursee

Anfahrt - Von Aachen B 258 bis zum Abzweig Simmerath. - A 4 Aachen - Köln, Abfahrt Düren, auf die B 399 bis Simmerath. - A 1 von Köln bis Abfahrt Euskirchen, dann auf die B 266 in Richtung Einruhr bis Simmerath oder bis zur jeweiligen Ortschaft um den See herum. **Parken** - P der Sparkasse in Simmerath, in Rurberg und weitere ausgeschilderte P rund um den See.

Der Rursee - Die mit ca. 205 Mio. m^3 Fassungsvermögen zweitgrößte Stauanlage in Deutschland setzt sich aus Rurstausee und der Rurtalsperre Schwammenauel zusammen. Am Südwestende des Stausees befindet sich der Eiserbachdamm, der den Rurstausee-Zufluss Eiserbach zum Vorbecken Eiserbach aufstaut. Am Südende liegt der Paulushofdamm, der Rur und Urft zum Vorbecken Obersee aufstaut. Ohne den Obersee verringert sich das Volumen des gesamten Stausees auf »nur« noch 181,8 Mio. m^3. Gespeist wird der Rursee von der Rur und zahlreichen kleineren Flüssen wie dem aus West-Nordwest kommenden Allersbach, dem aus Richtung Süden heranrauschenden Eschbach und dem Welchenbach, der von Simmerath her in den See mündet.
Wunderschön in der herrlichen Landschaft der Rureifel, nordwestlich des Kermeters und nordöstlich des Monschauer Heckenlandes gelegen, bietet der See seinen Besuchern vielfältige Freizeitmöglichkeiten: Wassersportler kommen hier ebenso auf ihre Kosten wie Radfahrer, Angler, kulturell Interessierte, Genießer, Wanderer und Naturliebhaber! Im 10,6 km langen See, an dessen Ufern die zwei hübschen Städtchen Woffelsbach und Rurberg liegen, findet man die grüne Insel Eichert, die üppig bewaldet ist. Zudem gibt es im See zwei Halbinseln, Eschauel mit dem gleichnamigen Badestrand und Tonsberg, auf der eine Burgwüstung steht. Die beiden Halbinseln können, je nach Wasserstand, auch zu Fuß erreicht werden. Wanderer kommen natürlich bei einem Rundgang um den See oder bei einer der unzähligen besonders schönen Touren auf ihre Kosten, die von der in Simmerath ansässigen Rursee Touristik vorgeschlagen und zum Teil auch als geführte Wanderungen organisiert werden.

Wandertouren-Vorschläge

Rundweg um den Rursee - 27 km - ca. 1100 m Höhenunterschied - Ein herrlicher Weg entlang der Ufer des Sees, der wunderbare Blicke auf das Gewässer gewährt und erholsame Pausen in den Städtchen oder in der Abgeschiedenheit der Gestade erlaubt.

Oberseerunde - 16 km - ca. 200 m Höhenunterschied - Der Weg beginnt in Rurberg und führt über Staudämme hin zur Dammkrone der Urftseestaumauer. Von dort geht es weiter entlang der Ufer und über Hänge um den Obersee herum. Es ergeben sich zahlreiche Gelegenheiten, den Blick über das Wasser und seine bewaldeten Ufer schweifen zu lassen.

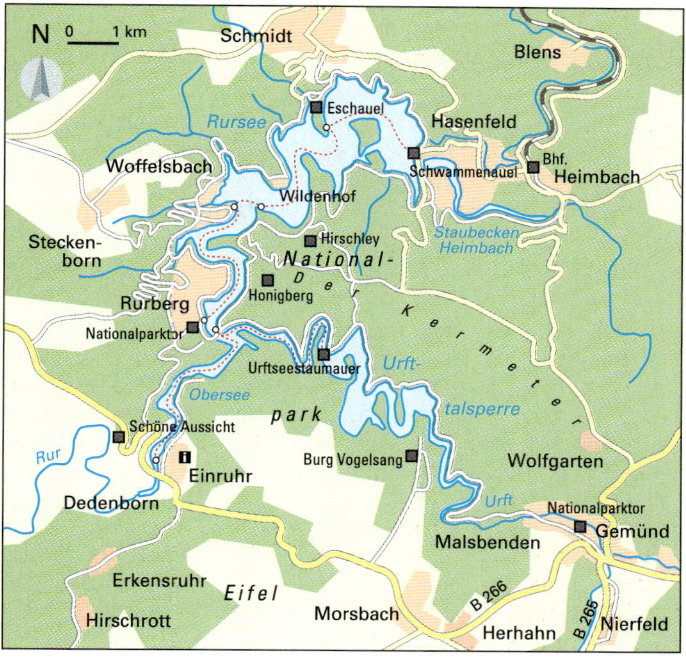

➡ Rurberg - Einruhr - 9 km - ca. 350 m Höhenunterschied - Ein erholsamer Rundweg, der nach dem Überqueren eines Staudammes zunächst vom See weg und durch eine Stück stillen Waldes führt, um dann hinreißende Aussichten auf den Obersee und Einruhr zu ermöglichen. Zurück zum Ausgangspunkt an der Touristinfo in Rurberg geht es entlang der Gestade.

➡ Rurberg - Vogelsang - 23½ km - ca. 900 m Höhenunterschied - Die anspruchsvolle Tour führt durch Einruhr und die Wüstung Wollseifen, durch das schöne Tal des Neffgesbaches bis nach Vogelsang. Geboten wird Historisches und es ergeben sich wundervolle Aussichten. Den Rückweg kann man ab der Urftstaumauer auch via Boot antreten.

TOUR
07

16 ½ km

4 Stdn.

Rurberg - Einruhr - Urftstaumauer - Rurberg

Charakteristik - Wunderschöner Weg entlang des Obersees mit romantischen Ausblicken auf den Rursee und den Nationalpark. Die Route führt am Nationalparktor ℹ in Rurberg vorbei, durch Einruhr weiter zur beeindruckenden Urftstaumauer. Viele Bänke säumen den Weg und laden zum Rasten und Verweilen ein. Durch die Schiffsverbindungen in Einruhr und an der Staumauer kann die Strecke verkürzt werden.
Anfahrt - A 44 Jülich - Belgien, Ausfahrt Lichtenbusch, weiter Richtung Monschau, B 258/B 399 Richtung Lammersdorf, dann B 266 über Rollesbroich, in Kesternich links abbiegen Richtung Rurberg. - A 4 Köln - Aachen, Ausfahrt Düren, B 56 bis Düren, dann B 399 Richtung Hürtgenwald über Kleinhau und Germeter, dann links abbiegen Richtung Rollesbroich, weiter auf B 266 Richtung Einruhr, in Kesternich abbieten Richtung Rurberg. - Vom Hauptbahnhof mit Buslinie SB 63 bis Simmerath Bushof, von dort mit Buslinie 68 bis Rurberg Kirche.
Parken - Gäste-P Café Bongard.

Rurberg - Der romantisch am Rursee gelegene Ort ist ein typisches Eifeldörfchen mit urigen Fachwerkhäusern und lockt mit Freizeitangeboten wie z.B. Schwimmen (kostenloses Freibad), Kanufahren, Schiffsausflügen (Rurseeschiffahrt nach Einruhr, zur Urftstaumauer oder nach Schwammenauel), Angeln, Radfahren (Fahrradverleih), Nordic Walking oder einer spannenden Rangertour (Infos im Nationalparktor, Seeufer 3).
Rursee - Die Rurtalsperre mit 205 Mio. m³ Fassungsvermögen wurde in zwei Bauphasen 1934-1937 und 1955-1959 fertig gestellt. Der See teilt sich auf in den Urftsee, den Obersee und den Rursee, wobei der Urftsee vollständig zum Nationalpark gehört, der Obersee dient der Trinkwassergewinnung und der Rursee ist wassersportlich nutzbar.
Rurberg - Einruhr - 1 ½ Stdn. - Vom Café Bongard auf der Dorfstraße hinab Richtung See, Grimmischall links, unten rechts auf Seeuferweg, Markierung [Winkel], [Eifel-Ardennen-Rundweg]. Am Ufer entlang bis zum Nationalparktor ℹ, davor links über die Brücke, dann geradeaus bergauf in den Wald hinein **(!)**, [6]. Auf diesem Weg entlang des Obersees mit traumhaften Aussichten und Rastmöglichkeiten bis nach Einruhr, Markierungen [6] und [Winkel], [Wasserland-Route]. An der Gabelung mit Schutzhütte weiter links abwärts, Markierungen [6] und [Winkel]. Dann über die Brücke links nach Einruhr.
Einruhr - Das »Dorf am See« besitzt im Heilsteinhaus ℹ eine eigene wohlschmeckende Heilquelle. Oberhalb des Ortes befindet sich am Ortsrand ein Wassertretbecken für müde Wanderer.

Einruhr - Urftstaumauer - 1½ Stdn. - Am Ende der Brücke links die Treppe hinab am Ufer entlang, weiter geradeaus, am Bootsanleger vorbei, ein Stück in den Ort hinein, dort links halten (Alternative: Wildnis-Trail, ist ausgeschildert). Am Ortsende geradeaus dem Wanderweg [23] folgen, AP. Weiter auf [23] Richtung Schiffsanleger Urftstaumauer. Entlang des Sees durch den interessanten Nationalpark Eifel, am Anstieg mit Infotafel zur Rechten links abbiegen, ein Holzgeländer führt zur Mauer mit AP. Grandioser Ausblick von der Urftstaumauer in alle Richtungen. Rückfahrt nach Rurberg mit dem Schiff möglich.

Urftstaumauer - Rurberg - 1 Std. - Urftstaumauer überqueren, geradeaus dem Wegweiser [Rurberg] und den Markierungen [A 4, A 3, 20, Wasserland-Route] folgen. Bergab immer am See entlang, vor Rurberg über die beiden Brücken bis zum Infopunkt. Dort rechts zurück auf der bekannten Strecke bis zum Café Bongard.

Café Bongard - Das ruhig gelegene Café begrüßt seine Gäste in originell und gemütlich gestalteten Räumen und auf der Terrasse. In ungezwungener Atmosphäre kann man die gutbürgerliche Küche, die auch über eine Tageskarte und Kindergerichte verfügt, zu guten Preisen genießen. Besondere Highlights sind die Grillabende bei schönem Wetter auf der Terrasse, das Eifellädchen sowie die wöchentlichen und über das Jahr wechselnden Themenabende. Spannende Aktivitäten, wie Heißluftballonfahrten oder Planwagenfahrten können über das Café organisiert werden. - ÖZ: Sommer: Mi. und Do. 10-22 Uhr, Fr. bis So. 9-23 Uhr. Winter: Fr. bis So. 10-20 Uhr. Ruhetage = Mo. und Di.

TOUR
08

Rund um Monschau

11 km

3 Stdn.

Charakteristik - Ein ganz besonderer Rundweg: Die Wanderung führt von idyllischen Bachlandschaften bis zu steilen Anhöhen, die in einer malerischen Landschaft erklommen werden wollen. Für einen Rundgang durch das bezaubernde, von herrlichen Fachwerkhäusern geprägte Städtchen Monschau sollte man sich ein wenig Zeit nehmen, denn hier gibt es viel Spannendes und Schönes, das darauf wartet, entdeckt zu werden.

Anfahrt - Aus Richtung Aachen auf der B 258 bis Monschau. - Von Köln kommend auf der A 1 bis zur Ausfahrt Wißkirchen. Dort B 266 bis Gemünd, dann B 265 bis Schleiden, dann B 258 bis Monschau. - Vom Hauptbahnhof Köln fahren regelmäßig RE und Bus bis Bahnhof Monschau, vom Hauptbahnhof Aachen aus verkehren Busse.

Parken - Übersichtliches Parkleitsystem.

Monschau - Das kleine, beschauliche Städtchen mit seinen verwinkelten Gassen liegt lauschig in einem tiefen Felstal. 1335 erstmalig in Quellen als »Burg Mons Joci« erwähnt, entwickelte sich der Ort in der ersten Hälfte des 17. Jh. zu einer der bedeutendsten Tuchmacherstädte. Auf dem Marktplatz stehen als Zeitzeugen wunderschöne Häuser aus dem 18. Jh. wie beispielsweise das 1752 vom Tuchmacher und Kaufmann Johann Heinrich Scheibler erbaute Rote Haus, in dem sich heute ein Museum befindet. Hier werden dem Besucher bemerkenswerte Einblicke in die damalige großbürgerliche Wohnkultur im Rokoko-, Louis-Seize- und Empire-Stilmix gewährt.

Über 250 Häuser des Städtchens an der rauschenden Rur stehen heute unter Denkmalschutz, und man kann sich dem Eindruck, das Bild der Altstadt habe sich seit fast 300 Jahren kaum verändert, nicht erwehren. So ist es kein Wunder, dass Monschau mit seinem unverwechselbaren, mittelalterlichen Flair immer neue Besucher in seinen Bann zieht. Die Burg, die von ihrem »Eselsturm« eine prachtvolle Aussicht auf die Stadt bietet, wurde wohl Anfang des 13. Jh. errichtet. Im Sommer bildet der Innenhof der Burg den stimmungsvollen Rahmen für die »Monschau Klassik« mit Auftritten renommierter Opern-Stars und Orchester.

Lohnend ist auch ein Besuch in der Historischen Senfmühle, in der in fünfter Generation der berühmte »Moutarde de Montijoie« hergestellt wird. Hier hat man die Wahl zwischen 18 Senfsorten. Das Felsenkeller-Brauereimuseum dokumentiert 150 Jahre Braukunst und lädt im »Hopfenstübchen« zu einer Rast ein. In der Caffee-Rösterei Wilhelm Maassen entstehen seit 1862 bereits in fünfter Generation feinste Kaffeespezialitäten. Das Druckerei-Museum Weiss bietet einen Überblick über die Geschichte des Buchdrucks. Sehenswert ist auch das Eifeler Photo-

graphica & Film Museum, das mit liebevoll zusammengetragenen Exponaten die Entwicklung der Fotografie von der Laterna Magica bis zur heutigen Digitalkamera dokumentiert. Das Kunst- und Kulturzentrum Monschau ist im ehemaligen Finanzamt untergebracht und bildet mit seinen zwölf offenen Ateliers, Verkaufs- und Seminarräumen einen kreativen Treffpunkt für Künstler und Kunstinteressierte.

Interessante Ausflugsziele in der Umgebung sind der Rurstausee und die Urfttalsperre (siehe S. 36/37).

Das Hohe Venn, ein ganz in der Nähe gelegenes Hochmoor, vermag den Wanderer mit einer wahren Pracht und Vielfalt an Pflanzen zu begeistern. Holzstege führen sicher durch die dortigen Sumpfgebiete und hin zu lohnenden Wanderzielen wie Kaiser Karls Bettstatt, dem sagenhaften Felsen, auf dem der Herrscher einst genächtigt haben soll, oder zum Wallfahrtsort Kreuz im Venn.

Eine Attraktion der besonderen Art findet man im Ortsteil Rohren: Das Sommer- und Wintersportzentrum Monschau-Rohren bietet Spaß für die ganze Familie: Wo sich im Winter herrliche Möglichkeiten zum Skifahren auftun, findet man im Sommer eine 1251 m lange Sommerbobbahn mit 751 m Abfahrt in prächtiger Landschaft. Mit den vielen markierten Wanderwegen bildet die Anlage einen hervorragenden Ausgangspunkt für herrliche Rundwanderungen. Für Kinder gibt es einen Spielplatz und Trampolinspringen und mit dem Waldlehrpfad und der historischen Sägemühle auch Interessantes zu entdecken. Für das leibliche Wohl wird in der Hütte mit einfachen und rustikalen Speisen gesorgt.

Monschau - Fachwerkidylle an der Rur

Monschau - Höfen - Monschau - Vom Café Kaulard geht man links in den Treppenaufstieg und ein Gässchen kreuzend die Treppen hinauf. Oben weiter bergauf in Richtung Höfen halten. Am Kapellchen vorbei bis zum Ortseingang Heidgen. Im Ort dann rechts in die Straße Alter Weg einbiegen. Die Umgehungsstraße überqueren und weiter geradeaus. Dann in die Hauptstraße rechts einbiegen und am Dorfkreuz wieder rechts in die Straße Im Sief einbiegen. Dieser folgen bis zum Kauferberg. Den Berg hinab bis zur Kreuzung und links abbiegen. Daraufhin rechts in die Alzerstraße und immer abwärts. Linker Hand geht der Mühlenweg ab. Diesen weitergehen bis zum Ortsausgang und ins Perlenbachtal. Vor dem Perlenbach rechts in den Weg mit der Markierung [A 1] einbiegen. Am Bachufer bis zum Stausee gehen. Dort folgt eine Gabelung, ab welcher man dem Weg mit der Markierung [A 4] folgt. Entlang der Staumauer geradeaus halten und auf dem Teerweg links abbiegen. Hier erneut der Markierung [A 1] nach rechts folgen. Im weiteren Verlauf gelangt man zu einer Schutzhütte. Hinter dieser geht es rechts auf einen Steg hinauf. Nun kommt ein kurzer, sehr steiler Anstieg. Am Ende dieses Anstieges den Weg mit der Markierung [A 1] verlassend links abbiegen. Der hiesige Weg mündet in einen Steg. Weiter an der Schutzhütte zum Aussichtspunkt Engelsley. Dann geradeaus vorbei am Aussichtspunkt Teufelsley, von dem aus man eine herrliche Sicht auf den Zusammenfluss von Perlenbach und Rur im Tal hat. Abwärts bis hinein nach Monschau gehen. Dort in Richtung des Kurparks, und über die Rurbrücke weiter durch malerische enge Gassen. Rechts halten und die Rurbrücke ein zweites Mal überqueren. Nun bis zum Markt und zur vohlverdienten Einkehr ins

Café Kaulard - Im traditionsreichen Haus in zentraler Lage am historischen Marktplatz. Im Buch »Freude mit Kaffee und Kuchen« als eines der 111 besten Cafés Deutschlands ausgezeichnet. Stilvoll eingerichtete Gasträume mit angenehmer, gepflegter Atmosphäre. Von der Terras-

Rursee Panorama und Nationalpark Eifel

se kann man das Treiben auf dem Marktplatz beobachten. Köstliche Pralinen und Printen des Chefs. Große Kuchenauswahl, verschiedene Frühstücksangebote sowie kleine herzhafte Gerichte, Kaffee- und Tee-Spezialitäten. Monschauer Bier, Säfte. - ÖZ: 9-18.30 Uhr. - Kein Ruhetag.

Weitere Wandervorschläge

➡ **Rundweg »Paradies im Perlenbachtal«** - 4 km - Ausgangspunkt ist der Wander-[P] »Gut Heistert« im Ortsteil Kalterherberg - Markierung [23] - Ein wunderbar ruhiger Wanderspaziergang inmitten faszinierender Natur, fernab vom Lärm der Zivilisation. Der Weg führt zunächst durch den herrlich stillen Fichtenwald in Richtung des Perlenbaches und dann für ein Stück entlang seiner Ufer. Seinen Namen bekam das Flüsschen durch die Flussperlmuscheln, die hier bis vor 200 Jahren in unvorstellbar großen Mengen lebten. Weiter geht es über artenreiche trockene Bachtäler, um ein »Zwischenmoor« herum und an kleinen Feuchtgebieten und von Bächen durchzogenen Wiesen vorbei auf einen unvergleichlichen Talblick zu. Durch den Wald kehrt man zurück zum [P].

Rundwanderweg »Pfade, Hecken, Drachenzähne« - 9 ½ km - Ausgangspunkt ist der P im Zentrum des Ortsteiles Imgenbroich. - Markierung [42] - Eine Rundwanderung, die jedes Wandererherz höher schlagen lässt: Vom pittoresken Ortszentrum mit der katholischen Pfarrkirche und den schönen Fachwerkhäusern mit Brunnen und beeindruckenden Haushecken aus führt der Weg nach dem Durchqueren des Quellgebietes eines Baches linker Hand in einen romantischen Pfad. Diese Passage der Wanderung ist geprägt von Hangweiden und idyllischen Waldwegen. Von der Schutzhütte aus, die bald folgt, eröffnet sich ein herausragender Blick über das Rurtal mit hübschen Orten bis hin zu den weitläufigen Wäldern des Nationalparks Eifel am Horizont. Weiter geht es wieder auf den Waldrand zu und mit der Markierung [42] bis hin zu einem Wegekreuz unterhalb der Kreisstraße 21. Hier überquert man ein Bächlein und geht entlang eines malerischen Pfades durch Mischwald den Hangweg hinab. Zwischendurch bietet sich an einer Waldlichtung die Gelegenheit zu einem Blick ins Tal und über das Höfener Weideland. Weiter bis zum Rand des Waldes, wo der Weg nun an einem alten Friedhof vorbei führt, auf dem zwischen Ende des 17. und Anfang des 19. Jh. evangelische Geistliche und Angehörige vermögender Tuchmacherfamilien aus der Umgebung beigesetzt wurden. Durch das Eschbachtal hindurch und über die Bundesstraße gelangt man zurück nach Imgenbroich, wo sich ein Abstecher in westlicher Richtung lohnt: Auf einen mit Erde überdeckten Bunker folgt die 1938 als Panzersperre errichtete Höckerlinie des »Westwalles«. Vom hier auf 500 m begehbaren Rand des Fundamentes hat man einen einzigartigen Blick über den Vennrand des Monschauer Landes.

TOUR
09

Hotel Perlenau - Monschau - Hotel Perlenau

8½ km

2¼ Stdn.

Charakteristik - Landschaftlich schöner Rundweg mit wechselndem Profil sowie der mittelalterlich anheimelnden Stadt Monschau mit vielen einzigartigen Sehenswürdigkeiten.

Anfahrt - Aus Richtung Köln A 1 bis Ausfahrt Euskirchen/Wißkirchen, B 266 Richtung Gemünd, dort auf B 265 bis Schleiden, dann B 258 Richtung Monschau, ca. 2 km hinter Höfen liegt das Hotel Perlenau rechter Hand. - Aus Richtung Koblenz A 48, am Kreuz Koblenz auf die A 61 Richtung Köln, Ausfahrt Wehr, B 412 Richtung Nürburgring, dann B 258 über Ahrhütte, Blankenheim und Schleiden Richtung Monschau. - Von Düsseldorf A 44 Richtung Aachen, Ausfahrt Aachen-Brand, B 258 über Roetgen und Monschau Richtung Höfen. Das Hotel Perlenau liegt linker Hand.

Parken - Großer Parkplatz am Hotel Perlenau.

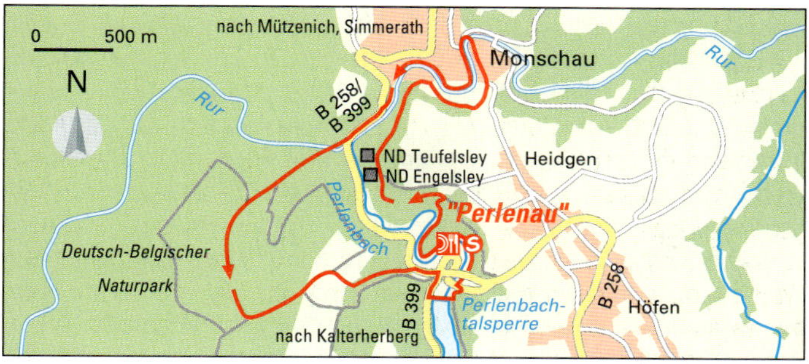

Hotel Perlenau - Das idyllisch am Fluss gelegene Waldhotel wurde 1840 als Farbholzmühle erbaut, seit 1930 als Hotel und Restaurant genutzt und aufwändig restauriert. Es lädt mit seinen liebevoll gestalteten Gasträumen sowie großer Gartenterrasse und Wintergarten zum Verweilen ein und bietet Platz für bis zu 150 Personen. Die ausgezeichnete regionale Küche, die ausschließlich frische Produkte aus der Umgebung verarbeitet und auch für gehobene Ansprüche viel zu bieten hat, komplettiert die gemütliche, gepflegte Atmosphäre. Attraktive Arrangements (Köhlermenü und -wochenende, Candlelight-Dinner etc.), auf Wunsch geführte Wanderungen, Planwagenfahrten, Abenteuerwochenenden. Das Hotel ist außerdem einer von drei Ausgangspunkten der Nordic-Walking-Routen im Nature.Fitness.Park Monschau. - Kein Ruhetag.

Der Rundweg - Vom Hotel Perlenau überquert man den Perlenbach und geht durch ein Waldgebiet, dort links mit Markierung [Schwarzes Dreieck]. Nach 200 m am Heiligenhäuschen rechts halten und an Felsformationen vorbei. An Weggabelung rechts, steil und steinig aufwärts auf dem Monschauer Historienweg zu den markanten Aussichtspunkten Engelsley und Teufelsley mit Blick in das Mündungsgebiet des Perlenbaches in die Rur. Vorbei an Burgau mit Blick auf die ersten Häuser von Monschau. In einer alten Textilfabrik aus dem 18. Jh. lädt der im Stil eines Dorfplatzes angelegte Monschauer Handwerkermarkt mit seinen traditionellen Ständen zu einem Bummel ein. In der Römischen Glashütte erhält man einen Überblick über 2000 Jahre Glasgeschichte, kann

Glasbläsern über die Schulter schauen und die schönen Produkte auch erwerben. Am Parkplatz mit Wegweiser [Historische Altstadt 0,9 km] rechts aufwärts mit schöner Aussicht auf das sich an den Wald schmiegende Monschau. Geradeaus weiter, Markierung [100], an Gabelung links halten bis zur Teerstraße »Am Grindel«. Wieder links an Kapelle vorbei steil abwärts mit traumhafter Aussicht und Rastmöglichkeit. Erneuter Blick auf Monschau, weiter abwärts bis zur Rurstraße, dann direkt über die kleine Rurbrücke in die Stadt, dort links in die Stadtstraße (in Hs. Nr. 16 befindet sich die Tourist-Info!). Von der Tourist-Info geradeaus der Stadtstraße und weiter der St. Vither Straße und der B 258 Richtung Kalterherberg folgen. Nach 300 m über kleine Rurbrücke, dort 15 m rechts, dann links aufwärts, auf schmalem Pfad, Markierung [55], geradeaus über Steg und an Zaun entlang weiter bis Schranke. Dort links, Wegweiser [Op routen Huus], Feldweg bis Teerstraße, dort links, es bietet sich ein schöner Rundblick. Nach 250 m rechts, Wegweiser [Talsperre], nach 150 m weiter rechtwinklig links auf schmalem Pfad, Markierung [A 4], hinab bis zur L 399. Dort 40 m rechts, dann links mit Wegweiser [Perlenbachtalsperre] über die Staumauer mit wunderbaren Blick über die Perlenbachtalsperre. Hinter der Staumauer links, von dort sind es noch 800 m mit Wegweiser [Perlenau] bis zum Ausgangspunkt am Hotel Perlenau.

➥ **Wegerweiterung** - Der Rundweg kann um ca. 7 km erweitert werden, indem man hinter der Staumauer dem Wegweiser [Höfener Mühle 2,3 km] nach rechts folgt. Von dort geht man, auf einem Abschnitt des Heckenwanderweges, Richtung Höfen, durch Höfen hindurch, hält sich in Richtung Heidgen und folgt schließlich dem Wegweiser [Perlenau].

Blick auf Monschau

TOUR
10

Monschau-Kalterherberg - Rundweg durch das Perlenbachtal

Charakteristik - Besonders im April/Mai ist dieser Rundweg ein Erlebnis: Die Tour führt zu den Narzissenwiesen, die im Frühjahr von den Wildnarzissen in ein gelbes Blütenmeer verwandelt werden. Das Perlenbachtal mit dem plätschernden Bachlauf und einer vielseitigen Vegetation ist eine Oase der Ruhe. Der mit [23] markierte Wanderweg wird im Winter geräumt und kann somit ganzjährig begangen werden.
Anfahrt - Von Aachen B 258/B 299 über Monschau bis zum Abzweig Kalterherberg. - Von Blankenheim (Autobahnende A 1) B 258 Richtung Monschau, dann B 399 Richtung Kalterherberg.
Parken - Gäste-P Hotel-Restaurant Gut Heistert.

3½ km
1 Std.

Monschau-Kalterherberg - Der 1361 erstmals als »Kalde Herberge« erwähnte, unmittelbar an der deutsch-belgischen Grenze gelegene Höhenort wird geprägt durch zahlreiche alte Bruchstein- und Fachwerkhäuser und durch die 1904 erbaute doppeltürmige Pfarrkirche, die auch »Eifeldom« genannt wird. Unterhalb des Ortes liegt Kloster Reichenstein, das u. a. als Unterkunft für Reisende an der Straße Aachen - Trier diente. Kalterherberg ist ein beliebter Ausgangspunkt für Vennwanderungen durch die umliegenden Moorgebiete.

Der Rundweg - Vom Gut Heistert erreicht man nach ca. 250 m einen Fichtenwald. Es geht hinab in das Tal des Perlenbachs, den man schon von weitem rauschen hört. Im Perlenbach lebte vor 200 Jahren eine riesige Menge an Flussperlmuscheln. Nachdem das Privileg der Obrigkeit, die Muscheln zu züchten und zu ernten aufgehoben worden war, führte der anschließende Raubbau zu einem drastischen Schwund der Population, die Ende der 1980er Jahre auf nur noch ca. 50 Exemplare geschätzt wurde. Bevor man den Steg über den Heistertbach überquert, genießt man einen weiten Blick über ein sog. »Zwischenmoor« mit Moorbirken, Schwarzerlen und Weidenbüschen sowie Pfeifengras, Binsen und Torfmoosen. Über den Oberen Steg überquert man den Perlenbach nach links und erreicht gleich hinter der Brücke eine Schutzhütte, die zu einer Pause einlädt. Von April bis Mai kann man von hier die gelbe Blütenpracht der Wildnarzissen bewundern. Die Zahl der Pflanzen im Gebiet von Perlenbach und Fuhrtsbach wird auf ca. 10 Millionen geschätzt. In dieser Menge sind die Narzissen jedoch erst wieder seit Ende der 1980er Jahre vorhanden. Bereits im Mittelalter wurden die trockenen Flächen der Bachtäler gerodet und dienten beinahe 800 Jahre lang als Heuwiesen. Über sog. »Flüxgräben« wurden die Wiesen im Vorfrühling mit Bachwasser gedüngt. In den 1950er Jahren endete die-

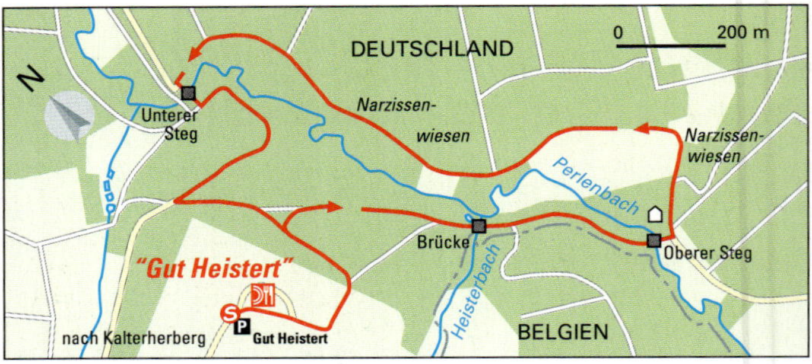

se Art der Nutzung und die Wiesen wurden mit Fichten bepflanzt, was zum Verschwinden der Narzissen führte. Durch Renaturierung und andere Maßnahmen kehrte die einstige Artenvielfalt vor ca. 20 Jahren jedoch wieder zurück. Man folgt nun mit der Markierung [23] dem gewundenen Bachlauf. Linker Hand blickt man über Feuchtgebiete, während sich auf der rechten Wegseite Waldwiesen erstrecken, die von Bächen durchzogen werden. Über den Unteren Steg wechselt man schließ- lich wieder auf die andere Bachseite und kehrt durch den Fichtenwald zum Ausgangspunkt am Gut Heistert zurück.

Hotel-Restaurant Gut Heistert - Der traditionsreiche Familienbetrieb liegt nur ca. 300 m von der belgischen Grenze entfernt im Naturschutzgebiet Perlenbach- und Fuhrtsbachtal. Ganzjährig bieten sich hervorragende Möglichkeiten der Urlaubsgestaltung mit Wanderungen, Radtouren (Fahrradverleih im Ort) und Skilanglauf. Im Frühjahr (April/Mai) sorgt die Wildnarzisse für ein Naturschauspiel auf den nahen Wiesen und im Herbst ist das Röhren der Hirsche zu hören. Die Nichtraucherzimmer sind freundlich und komfortabel eingerichtet. Den Hotelgästen stehen ein separater Aufenthaltsraum mit Kamin und ein Saunabereich zur Verfügung. Die vielseitige Küche bietet regionale und internationale Spezialitäten, u. a. Wildgerichte aus heimischen Revieren. Mittlere Preislage. - Kein Ruhetag.

Weiterer Wandervorschlag: Gut Heistert - Kalterherberg mit »Eifeldom« - Höfener Mühle - am Fuhrtsbach entlang - Galgenberg - Gut Heistert.

Platiß/Hellenthal - Prethtal - P Hohes Kreuz - Mühlbachtal - Platiß

13 km

3½ Stdn.

Charakteristik - Wunderschöner Rundweg entlang an Prether Bach, Ramsbach und Platißbach. Obwohl einige An- und Abstiege zu bewältigen sind, erlebt man eine bequeme, nur durch das Plätschern der Bäche begleitete, erholsame Wanderung durch stille, blumenreiche Täler und lauschigen Misch- und Laubwald - Natur pur.
Anfahrt - Von Köln A 1 bis Ausfahrt Wißkirchen, B 266 Richtung Gemünd/Simmerath. In Gemünd links ab auf die B 265, über Schleiden nach Hellenthal, weiter auf der B 265 Richtung Hollerath bis zum P Campingplatz Platißbach. - Aus Richtung Trier A 60 bis Prüm, B 265 Richtung Schleiden, hinter Hollerath vor dem Ortsanfang von Hellenthal liegt rechter Hand der P Campingplatz Platißbach. - Von Aachen B 258 über Monschau bis Schöneseiffen, rechts ab auf die L 159 nach Hellenthal, B 265 Richtung Hollerath bis zum P Campingplatz Platißbach. - Zugverbindungen aus Richtung Köln oder Trier bis Kall, von dort mit Bus 829 bis Hellenthal Busbahnhof.
Parken - P am Campingplatz Platißbach vor der Campingschänke.

Hellenthal - Die Gemeinde Hellenthal ist Zentralort und Mittelpunkt des »Wildenburger Ländchens«, einer Ansammlung von 61 kleinen Dörfern und Weilern in noch ursprünglicher Eifellandschaft. Es grenzt unmittelbar an den Nationalpark Eifel und gehört zum Deutsch-Belgischen Naturpark Hohes Venn/Eifel. Zahlreiche Hauptwanderrouten kreuzen das Gebiet, darunter auch der Premium-Wanderweg Eifelsteig. Hellenthal weist mit seinen Orten zahlreiche touristische Höhepunkte auf, u. a. die historischen Burgorte Wildenburg und Reifferscheid, das 75 ha große Wildgehege Hellenthal mit Greifvogelschau sowie die wegen ihrer Pfeilerzellenbauweise einzigartige Staumauer der Oleftalsperre. Die Krippenausstellung ArsKrippana in Losheim ist ebenso ganzjährig geöffnet wie das Besucherbergwerk »Grube Wohlfahrt« in Rescheid. Von Mitte April bis Anfang Mai ist in den Wiesentälern des oberen Oleftales ein besonderes Naturschauspiel zu bewundern: Millionen von Blüten der wild wachsenden Gelben Narzisse verwandeln die Wiesen in gelbe Blütenteppiche.

Der Rundweg - Vom P über die Brücke unmittelbar vor der Campingschänke nach rechts beginnt der befestigte Weg, der parallel zum Prether Bach durch das wunderschöne Prethtal führt. Der Matthiasweg ist ein Hauptwanderweg des Eifelvereins und verbindet als alter Pilgerweg zum Hl. Matthias die Domstädte Aachen und Trier über Hellenthal. Der Brauch wird immer noch gepflegt und im Frühjahr pilgern zahlreiche Bruderschaften und auch Einzelpilger zum einzigen Apostelgrab nörd-

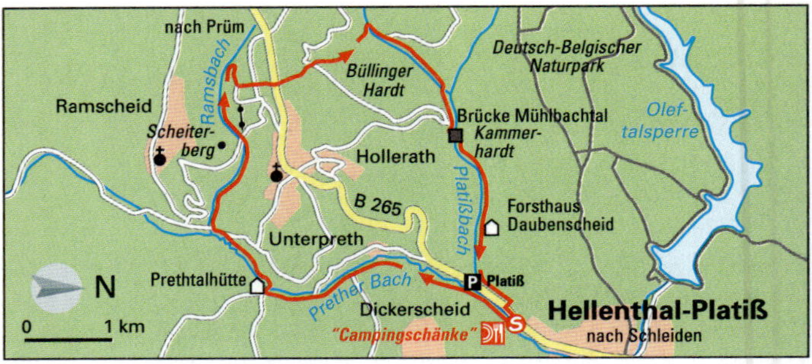

lich der Alpen nach Trier. Am Abzweig Unterpreth vorbei geradeaus, an der Gabelung folgt man dem Wegweiser [Oberpreth 2 km] nach rechts über eine kleine Brücke. Weiter auf dem Matthiasweg am Bach entlang, rechts an der Prethtalschutzhütte vorbei, überquert man den Bach, links weiter auf dem Matthiasweg. Man kreuzt die Straße und folgt leicht bergan dem Wanderweg [2]. Stetig leicht bergan geht es durch einen lauschigen Wald mit Buchen-, Eichen- und Ahornbeständen. Unterhalb des Skilifts wird die Straße gekreuzt, der leicht ansteigende Weg mit der Markierung [5] führt durch den Wald am Ramsbach entlang. Oben im Wald stößt man auf einen Weg, dem man nach rechts in Richtung Bergstation/Skilift folgt. Am Abzweig der Markierung [5] geradeaus. Auf der Höhe tritt ein asphaltierter Weg hinzu, dem man geradeaus folgt. Rechter Hand grüßt in der Ferne der weiße Kirchturm von Hollerath. Die über 600 m hoch gelegenen Höhenorte Hollerath und Udenbreth/Weißer Stein sind die Wintersportzentren der Gemeinde Hellenthal mit Skiliften und Rodelbahnen, Langlaufloipen und herrlichen Gelegenheiten zum Schneewandern. Man überquert die Luxemburger Straße zum P Hohes Kreuz und folgt dem Weg in Richtung Hinweistafel »Wandererlebnis Eifel« im Deutsch-Belgischen Naturpark Hohes Venn/Eifel. Nun geht es leicht abwärts mit [A 1-4], dann weiter mit [A 1-3]. An der Kreuzung geradeaus immer weiter abwärts mit der Markierung [A 2] bis zum Talgrund. Ein kleiner Bach wird überquert, leicht bergan schwenkt der Weg nach rechts. Ein zweiter Bach wird überquert und man hält sich wieder rechts am Bach entlang. An Gabelung wieder rechts, an der nächsten

Gabelung erneut rechts, der untere Weg führt auf halber Höhe durch das Tal. Nach dem Übergang über den Bach hält man sich links, [A 3], wiederum auf halber Höhe durch das Tal. An der Kreuzung links hinab in den Wald. Über die Brücke Mühlbachtal überquert man die Furt und hält sich dann rechts, [Geologischer Wanderweg, 9]. Man bleibt jetzt immer im Tal des Platißbaches, am Forsthaus Daubenscheid vorbei führt der befestigte Weg sanft bergab bis zur B 265. Nach 10 m links geht es auf dem asphaltierten Weg, [9], bergan, auf halber Höhe parallel zur Straße an der Jugendherberge vorbei. Nach 200 m rechts ab zur Straße, die man überquert. Links nach ca. 100 m auf dem breiten Bürgersteig erreicht man die Campingschänke.

Campingschänke-Restaurant Hellenthal - Am Waldrand führt eine Brücke über den rauschenden Platißbach den Wanderer zu diesem urgemütlichen, liebevoll eingerichteten Gasthaus mit kleinem Biergarten. In ungezwungener Atmosphäre wird man aufmerksam bewirtet mit gutbürgerlichen Eifeler Spezialitäten, verschiedenen Gerichten für den kleinen und großen Hunger sowie Kaffee und Kuchen. Für Kinder gibt es einen »Räuberteller« gratis, die kleinen Gäste dürfen bei ihren Eltern mitessen. - ÖZ: 11-22 Uhr. Ruhetag = Di.

TOUR
12

Reifferscheid - Zingscheid - Wildenburg - Reifferscheid

5½ km

1½ Stdn.

Charakteristik - Reizvoller Rundweg für Naturliebhaber. Sehenswerte historische Burgen krönen die Wanderung, zahlreiche Aussichtspunkte und Ruhebänke laden zum Verweilen ein.
Anfahrt - Von Köln A 1 Ausfahrt Blankenheim, B 51 Richtung Blankenheim, nach 5 km rechts abbiegen auf die B 258 Richtung Schleiden bis Sistig, hier L 203 nach Reifferscheid. - Aus Richtung Aachen B 258 bis Kreuzung Sistig, L 203 nach Reifferscheid.
Parken - Gäste-P Gaststätte Lindenhof oder kostenloser P in der Römerstraße.

Reifferscheid - Die erstmals 1106 erwähnte, typisch gotische Burgsiedlung besteht aus der Burg mit Vorburg, dem Burgbering und dem Talbereich mit malerischen Gassen und alten Häusern unterhalb der Burg. Reifferscheid gehört zu den schönsten Dörfern Nordrhein-Westfalens, was nicht zuletzt die Goldmedaille im Wettbewerb »Unser Dorf soll schöner werden« 1991 und der erste Platz im Kreis Euskirchen im Wettbewerb »Unser Dorf hat Zukunft« belegen. Das Burgfest am dritten Sonntag im September versetzt die Besucher zurück ins Mittelalter. Traditionelle Handwerke werden demonstriert, Gaukler und Musikanten

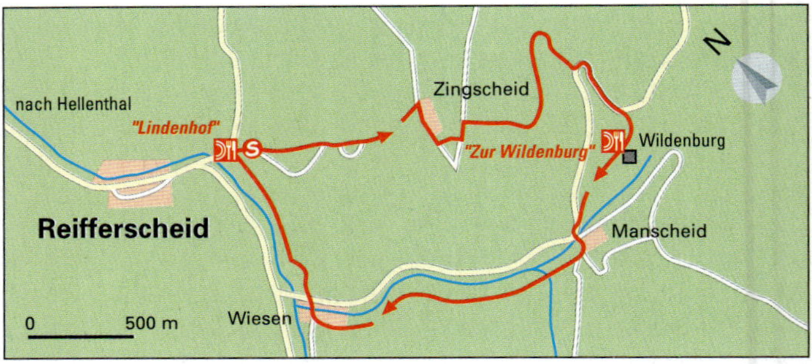

bieten Unterhaltung und Eifeler Gerichte, hausgemachte Gelees, Liköre und andere Köstlichkeiten sorgen für das leibliche Wohl.

Reifferscheid - Zingscheid - Wildenburg - Vom Gäste-P Römerstraße links zum Heiligenhäuschen. Links Richtung Zingscheid, [A 2/3, Eifelsteig]. Nach ca. 30 m geht der Weg ab in einen Pfad links steil aufwärts. Man überquert die Landstraße und geht weiter gerade in den Wald, einen kurzen Anstieg hoch. Auf der Landstraße links weiter. Nach ca. 70 m Abzweig in einen Pfad, [12], links bis zur Straße. Links weiter bis Zingscheid. Schöner Blick zurück auf Reifferscheid. An der Gabelung rechts Wildenburger Straße bis zur Kreuzung. Nun links weiter mit [3]. An der Gabelung links, hier lohnender Blick auf die Eifelberge. Abzweig rechts, [3], abwärts auf befestigtem Weg. Im Tal rechts Damwildgehege und Teich. Auf der Landstraße links aufwärts, in wenigen Minuten ist Wildenburg erreicht.

Wildenburg - Ein malerischer Burgort im Herzen des Naturparks Nordeifel. Die 1190 erstmals erwähnte Burg ist eine der wenigen Höhenburgen aus dieser Zeit, deren Bausubstanz noch erhalten ist. Unter Einbeziehung mittelalterlicher Überreste wurde das Schloss im 18. Jh. umgebaut. Ein Teil des Gebäudes dient als Kirche, außerdem sind noch ein Pförtnerhäuschen aus dem 16. Jh., der Bergfried und das Burgverlies vorhanden. Die Wildenburg dient heute als Begegnungs-, Erholungs- und Tagungsstätte.

Historische Gaststätte zur Wildenburg - Direkt am Eifelsteig gelegene, historische Gaststätte am Fuße der Wildenburg, die besonde-

Hellenthal-Reifferscheid - Blick vom Bergfried auf den historischen Burghof

ren Wert auf persönliche Ansprache und ungezwungene Atmosphäre legt. Schöner Biergarten. Im alten Fachwerkhaus werden Gästezimmer zu vernünftigen Preisen vermietet.

Wildenburg - Manscheid - Wiesen - Reifferscheid - Direkt von der Gaststätte rechts in den Burgbereich. Vor der Kirche rechts die Treppe abwärts, nach links. Sofort rechts geht ab der Fußgängerschleuse ein Fußweg abwärts. Nach kurzer Wegstrecke ist der Burgpfad wieder mit [3] markiert. Der Pfad kreuzt einen Weg und führt weiter abwärts. Von der Landstraße links in den Ort Manscheid. An der Gabelung links über die Brücke des Manscheider Baches. An der Gabelung rechts Richtung Bungenberg. Nach ca. 100 m rechts (Manscheid 28-37), Wegweiser [Reifferscheid Fußweg], parallel zum Manscheider Bach auf befestigtem Weg bis Wiesen. Rechts an kleiner Kapelle vorbei. Nach Überqueren der Landstraße gerade weiter durch den Ort (Im Wiesengrund). Übergangslos schließt sich Reifferscheid mit Römerstraße an. Vorbei an schmucken Häusern und Vorgärten geradeaus zum Ausgangspunkt.

Gaststätte Lindenhof - Das am Ortsrand in der Nähe der Burg Reifferscheid gelegene Haus verfügt über urgemütliche, rustikale Gasträume und ist ein Treffpunkt zum Wohlfühlen für Einheimische und Gäste in zünftiger, ungezwungener Atmosphäre. Die gutbürgerliche, frisch zubereitete Küche beinhaltet auch Wild- und Pferdespezialitäten. - Ruhetag = Mi.

TOUR
13

»Am Weißen Stein«/Udenbreth - Wilsamtal - »Am Weißen Stein«

7 km

2 Stdn.

Charakteristik - Auf bequemen Wegen geht es sacht bergab und bergauf. In der waldreichen Umgebung (vorwiegend Laubwald, teilweise Mischwald) sind dem Wandern kaum Grenzen gesetzt und eine abwechslungsreiche einheimische Pflanzenwelt erfreut den Naturliebhaber. Im Frühjahr führt die Wanderung durch herrlich blühende Narzissenfelder, im Herbst leuchtet farbenprächtig der Laubwald.
Anfahrt - Von Köln A 1 bis Ausfahrt Wißkirchen, dann B 266 Richtung Gemünd/Simmerath. In Gemünd links abbiegen auf die B 265, über Schleiden, Hellenthal und Hollerath bis Weißer Stein. - Aus Richtung Trier A 60 bis Prüm, B 265 Richtung Schleiden bis Weißer Stein. - Zugverbindungen aus Richtung Köln oder Trier bis Kall, mit Bus 829 bis Hellenthal Busbahnhof, von dort mit Bus 839 oder Anruf-Linien-Taxi ALT (30 Min. vor Abfahrt anmelden unter Tel: 01804/151515) bis Weißer Stein.
Parken - Großer P Weißer Stein.

Weißer Stein - Der 690 m hohe deutsch-belgische Grenzberg ist ganzjährig ein beliebtes Ausflugsziel. Im Gipfelbereich befinden sich ein 30 m hoher Aussichtsturm und eine Freizeitanlage mit Spiel- und Sportplatz sowie Familiengrillanlage. Außerdem ist der Weiße Stein ein idealer Ausgangspunkt für grenzüberschreitende Wanderungen (Deutsch-Belgischer Naturpark, Rocherath, Büllingen, Bütgenbach mit Stausee, alte Schmugglerpfade); es werden auch geführte Wanderungen »Auf den Spuren des Westwalls« und im Frühjahr zu den Narzissenwiesen angeboten. Auch bei Wintersportlern erfreut sich der Weiße Stein großer Beliebtheit. Das Gebiet lockt mit einem 17 km langen Loipennetz sowie Ski- und Rodelpisten mit Liften und Ski-, Snowboard- und Rodelverleih. Übrigens: Der eigentliche »Weiße Stein« ist ein 3 m langer Felsen in einem kleinen Moor am Boxvenn auf belgischem Gebiet!
Der Rundweg - Vom Parkplatz Weißer Stein rechts, vorbei am Sportplatz, auf dem Weg [A 7] bis zum Skilift und rechts in den Waldweg. Sacht geht der Weg gerade hinunter. An der Pistenschneise rechts weiter abwärts, [A 7], und wieder in den Waldweg, der nach ca. 100 m auf einen Weg trifft, dem man nach links folgt, [7]. An der Gabelung rechts weiter mit [A 3]. An der nächsten Gabel links, [A 3/4], vorbei an der Zitterwaldhütte, an der dann folgenden Gabelung geradeaus, [A 3]. Nach ca. 1½ km am Gemarkungsbaum 893 rechts leicht bergan. In den weitläufigen Eifelwäldern kann - mit etwas Glück und bei entsprechend leisem Verhalten - durchaus ein Reh oder ein Wildschwein den Wanderweg kreuzen. Im Tal an der Gabelung links, auf befestigtem Weg durch das Wil-

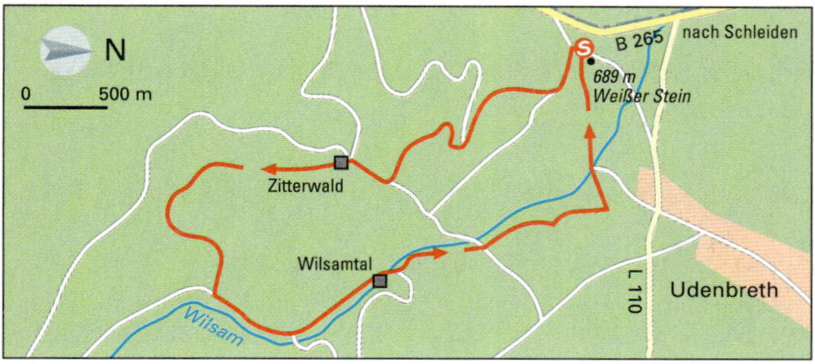

samtal. Leise rauscht der Wilsambach durch sein natürliches Bachbett. Dieser Naturbachlauf wurde durch das LIFE-Natur-Projekt »Lebendige Bäche in der Eifel« gefördert. Hier finden sich auch im April/Mai die herrlichen Narzissenfelder. Vorbei geht es am Löschteich und der am gegenüber liegenden Ufer stehenden Schutzhütte. An der Kreuzung hinter der Brücke dem befestigten Weg (parallel zum Bachlauf) leicht bergan weiter folgen. Links hinter der Brücke im Hang und dann immer wieder bis an den Wanderweg heranreichend ist die vom Moos überwucherte Höckerlinie des Westwalls erkennbar. Nachdem bereits entlang der deutsch-französischen Grenze Befestigungen erbaut worden waren, wurde hier gegenüber dem nahe gelegenen Belgien im Jahre 1938 eine Befestigungslinie errichtet, die aus Höckerlinie (Panzersperre) und Bunkern bestand und die als Westwall in die Geschichte einging. Sie wurde an dieser Stelle am 3./4. Februar 1945 von den Alliierten überschritten und nach dem Krieg gesprengt. Die Reste stehen aber heute unter Denkmalschutz, viele Anlagen sind inzwischen von dichter Vegetation überwuchert und dienen als Rückzugsgebiete für Pflanzen und Tiere. Weiter geht es an der Kreuzung nach links (unterhalb eines Bauernhauses), an der Gabelung rechts in einem leichten Anstieg entlang des Feuchtgebiets, Heimat für viele Pflanzen, die unzähligen Insekten, Kleinsttieren und Vögeln Nahrung und Brutstätte bieten. Am großen Spielplatz angekommen kann der auf der höchsten Erhebung der nordrhein-westfälischen Eifel errichtete Aussichtsturm mit herrlichem Rundblick, u. a. weit in den Nationalpark Eifel, die Schneifel und in die Vulkaneifel, bestiegen werden. Der Turm wurde in das Programm »Eifel-Blicke« mit Panoramatafeln aufgenommen. Von hier sind es entlang des Sportplatzes nur ca. 100 m zurück zum Ausgangspunkt.

Aussichtsturm in Hellenthal-Udenbreth - Weißer Stein

TOUR
14

3½ Stdn.

Rheinisches Freilichtmuseum Kommern

Anfahrt - A 1, Abfahrt Kommern/Wißkirchen. Ab dort ausgeschildert. - Zwischen Bahnhof Kommern und Freilichtmuseum verkehrt von Mo. bis Fr., vom 1.4.-31.10. auch an Wochenenden, ein Museumsbus (Linie 894), der jedoch nur nach Anmeldung unter Tel. 02443/1000 (mind. 1 Std. vor der fahrplanmäßigen Abfahrtszeit) fährt.
Parken - P am Museum.

Der Rundgang - Das ca. 80 ha große Gelände des 1958 eröffneten Museums lädt zu einer Art Zeitreise mit allen Sinnen ein: In den 65 von Äckern, Obstwiesen und Bauerngärten umgebenen historischen Gebäuden, die den Charme vergangener Zeiten ausstrahlen, wird gebacken und geschmiedet, gewohnt und gewirtschaftet, wie es in der Landbevölkerung ab Ende des 15. Jh. üblich war. Das barrierefreie Gebiet ist in vier große Baugruppen unterteilt: Direkt nach Betreten des Geländes führt der Weg geradeaus auf die Westerwald/Mittelrhein-Baugruppe zu. Linker Hand passiert man den 1) Tanzsaal. Dem Weg geradeaus folgend läuft man zwischen 2) Imkereimuseum und dem 3) Hof aus Hanf, einem ab 1688 erbauten sog. »Streckhof« hindurch auf das 4) Kelterhaus zu. Nach diesem rechts abbiegen, das 5) Haus aus Großholbach (rechts) und das 6) Haus aus Bilkheim mit Sümmermacherwerkstatt (links) passieren und weiter geradeaus in Richtung der zweiten Baugruppe Eifel/Eifel-Vorland. Dem Weg zwischen Höfen und Häusern hindurch folgen, bis man linker Hand die 7) Kapelle aus Schützendorf und die 8) Gerichtssäule aus Kommern erreicht. Kurz hinter dieser Säule, die früher als Symbol für die Zuständigkeit des Ortsgerichtes galt, gabelt sich der Weg. Hier rechts abbiegen, zwischen Hof und Haus hindurch der Straße folgen, die bald eine Linksbiegung macht. An der nächsten Kreuzung rechts in das Gebiet der Baugruppe Niederrhein. Im Anschluss an Haus und Scheune kann man hier rechts einen 9) Wehrspeicher aus Mönchengladbach-Lürrip besichtigen. Lagerhäuser dieses Bautyps, die sog. »Spieker«, traten

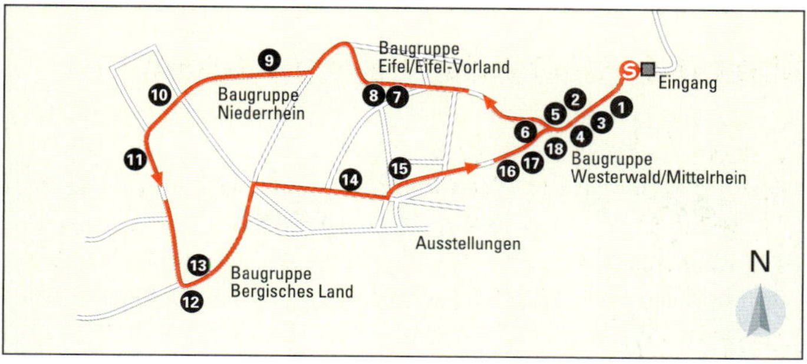

seit dem Spätmittelalter am Niederrhein auf und sind für die Region typisch. Anschließend steht ebenfalls rechts ein Hof. Nach diesem biegt die Straße leicht nach links ab und führt an einem weiteren Hof (links) vorbei. Rechts des Weges steht hier eine 10) Kappenwindmühle. Der Straße weiter geradeaus folgen, an einem 11) Wegkreuz vorbei und weiter geradeaus zur Baugruppe Bergisches Land. Hier weiter geradeaus auf die Häuser und Scheune zuhalten und zwischen ihnen hindurch gehen. Es folgt ein weiteres Haus rechter Hand, bevor der Weg am imposanten 12) Mannesmann-Haus links abbiegt. Links steht ein 13) Wegkreuz aus Winterscheid. Geradeaus halten und an der dritten Möglichkeit rechts abbiegen. Nun wieder geradeaus, nach dem 14) Haus aus Rohren in Richtung der Ausstellung, die viel Wissenswertes über das Rheinland zeigt. Hier links halten, ein Stück in Richtung der 15) Grabkreuze, dann macht der Weg eine leichte Rechtskurve und führt zur Baugruppe Westerwald/ Mittelrhein zurück. Hier folgt nach dem Wegkreuz rechts der 16) Hof aus Oberbreisig mit der Gastwirtschaft Zur Post, die in historischem Ambiente regionale Spezialitäten anbietet. Weiter geradeaus am 17) Backhaus, der Schule und 18) Schmiede vorbei geht es zurück zum Ausgangspunkt.

Schmiede - davor eine Einrichtung zum Beschlagen von Pferden

TOUR
15

Rund ums Rheinische Freilichtmuseum: Kommern - Hostel - Eickser Busch - Kommern

12 km

3 Stdn.

Charakteristik - Reizvolle Tour rund um das Rheinische Freilichtmuseum und in die malerischen Fachwerkorte Hostel und Kommern.
Anfahrt - A 1, Ausfahrt Wißkirchen, B 266 Richtung Mechernich bis Kommern, Beschilderung zur Sommerrodelbahn folgen. - Oder Ausfahrt Bad Münstereifel/Mechernich, L 165/B 477 durch Mechernich, Beschilderung zur Sommerrodelbahn folgen. - Anfahrt mit dem Bus bis zum Museum wie S. 56. Von der Bushaltestelle den Hinweisschildern [Freizeitinsel/Sommerrodelbahn] folgen.
Parken - P am Hotel-Restaurant Eifeltor/Sommerrodelbahn.

Kommern - Eines der schönsten Fachwerkdörfer des Rheinlandes, mit der interessanten neugotischen Pfarrkirche St. Severin, die 1857/59 anstelle der früheren romanischen Kirche erbaut wurde. Erwähnenswert ist auch die in Privatbesitz befindliche Burg, deren ältester Teil, der spätgotische Wohnturm, aus dem 14./15. Jh. stammt. Die »Eifeltor Erlebniswelt« bietet jede Menge Spaß für Alt und Jung: Sommerrodelbahn (680 m), Quadbahn und umfangreiche Spielangebote einschließlich Minigolfanlage lassen bestimmt keine Langeweile aufkommen.

Der Rundweg - Vom Hotel geht es am Restaurant Eifeltor vorbei in Richtung Quadbahn und nach 50 m rechts auf die ausgeschilderte Nordic-Walking-Route. Am Zaun des Freilichtmuseums (siehe S. 56/57) entlang dem Pfad folgen, bis der Weg den Wald verlässt, dort links, auf dem Feldweg leicht bergab. Zunächst ohne Markierung, wird der Weg kurz darauf zu Wanderweg [1]. Weiter geradeaus bis zur geteerten Fahrstraße und dort rechts auf dem Eifelvereins-Hauptwanderweg [10] weiter in Richtung Hostel. Vor dem Dorf weiter geradeaus auf der Fahrstraße und an der T-Kreuzung rechts hinauf in das Dorf, [Radwegmarkierung]. Rechts über die Gölertzstraße bis zur Kirche und dort rechts in die Friedentalstraße. Vorbei an einigen sehr schönen Fachwerkhäusern aus dem 17. Jh. gelangt man zum sehenswerten Dorfplatz am Frankenring. Weiter auf dem Wanderweg [10 c] aus dem Dorf hinaus bis zum Waldrand. Dort folgt man geradeaus wieder der Nordic-Walking-Route in den Wald. An der NW-Infotafel biegt man links ab und folgt dem Wanderweg [1] leicht bergab weiter durch den Eickser Busch, einen sehr schönen Mischwald mit herrlichen Eichen- und Buchenbeständen. Ca. 10 Min. nach der Infotafel verlässt man an der großen Wegkreuzung die markierten Routen und folgt weiter geradeaus der breiten Forststraße. Nach weiteren 10 Min. macht der Weg inmitten einer Fichtenkultur einen Linksknick; hier verlässt man den Weg und geht rechts bergauf. Diesem Weg geradeaus folgen. Beim Waldaustritt trifft man wieder auf den Wanderweg [1] und

die Nordic-Walking-Route, denen man nach rechts in Richtung Museums-P folgt. Auf dem markierten Weg umrundet man am Waldrand das Museumsgelände und genießt einen weiten Ausblick in die Zülpicher Börde und die Kölner Bucht. Beim Erreichen der Bebauung in der Straße Am Hostert biegt man direkt bei Hs. Nr. 12 links in den Wiesenpfad zur B 477/B 266 ab. Diese überqueren, links und nach 200 m rechts durch die Straße Kirchberg abwärts zum historischen Ortskern von Kommern. Vorbei an der Kirche und dem alten Schulhaus erreicht man die Kölner Straße, der man nach rechts bis zur Mühlengasse folgt. Hier befinden sich die schönsten und ältesten Fachwerkhäuser. Am Ortsende links in den Seeweg einbiegen und auf der Brücke über den Bleibach. Sofort rechts in Richtung Mühlenpark. Vorbei am Hotel bis zum Ende des Mühlensees, dann rechts abwärts, über eine Brücke und links mit Markierung [Winkel] durch den Freizeitpark. Am Klettergerüst/Minigolfplatz rechts über die Metallbrücke wieder über die B 477 und dem Weg bergauf folgen zum

Hotel-Restaurant Eifeltor - Ruhig auf dem ehemaligen Landesgartenschau-Gelände gelegenes Ausflugslokal mit einem breiten Freizeitangebot für alle Altersgruppen (auch Arrangements). Zertifizierter Gastbetrieb der Regionalmarke EIFEL. Behagliche komfortable Gästezimmer. Gemütliche Gasträume, große Terrasse und Biergarten. Die Küche punktet u. a. mit eifeltypischen und saisonalen Spezialitäten; Gruppen können nach Voranmeldung zwei Grillhütten nutzen. - In der Saison kein Ruhetag; vom 1.11. bis Ostern Ruhetag = Mi.

TOUR
16

Bad Münstereifel - Historischer Stadtrundgang

1 Std.

Anfahrt - A 1 Köln - Blankenheim bis Ausfahrt Bad Münstereifel/Mechernich, L 165 bis Bad Münstereifel. - Zugverbindungen von Köln, Bonn und Koblenz.
Parken - P an der Kölner Straße, am Eifelbad und am Kurhaus.

Bad Münstereifel - Das verträumte mittelalterliche Kurstädtchen liegt im Tal der Erft. Ausgangspunkt der Entwicklung der Stadt war ein um 830 gegründetes Benediktinerkloster, welches bald zum Wallfahrtsort avancierte und so nach und nach an Bedeutung gewann. Menschen siedelten sich an, der Ort wuchs und schließlich wurde im 13. Jh. vom Grafen von Jülich der Bau der bis heute sehr gut erhaltenen Burg und Stadtbefestigung veranlasst. Die Wallfahrts- und Tuchmacherstadt entwickelte sich im 16. Jh. zum Zentrum der Gegenreformation. 1815 fiel die Rheinprovinz an Preußen, wodurch die wirtschaftliche und politische Bedeutung der Stadt deutlich zurückging. Erst als sich gegen Ende des 19. Jh. ihre Bedeutung als touristisches Zentrum herauskristallisierte, erfuhr die Wirtschaft des Ortes eine neue Belebung. Seit 1926 ist Münstereifel Kneippkurort und seit 1967 trägt es das »Bad« im Namen.
Der Rundgang - Ausgangspunkt des historischen Stadtrundganges ist das 1) Werther Tor: der jüngste der vier Stadttortürme, der Mitte des 14. Jh. als Teil der heute noch auf einer Länge von 220 m begehbaren Stadtbefestigung errichtet wurde, lässt durch Fallgatter, Flügeltore und Guss-Schrägen im Bogenfries unter der spätgotischen Dachtraufe

Das mittelalterliche Kurstädtchen Bad Münstereifel

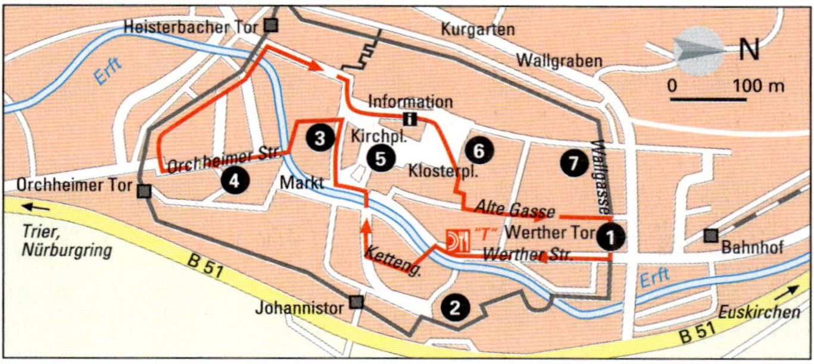

deutlich seinen Verteidigungscharakter spüren. Durch die Werther Straße geradeaus gelangt man zur 2) Burg und dem Renaissancetorbogen. Die zeitweise von den Jülicher Herzögen bewohnte Wehranlage aus dem späten 13. Jh. wurde 1689 von französischen Soldaten zerstört. In der Burg befindet sich eine Senfmühle. Auf der anderen Seite der Werther Straße befindet sich hier ein sehenswertes Apotheken-Museum. Der Weg führt weiter über eine Brücke zum Entenmarkt, hier links in die Kettengasse einbiegen, die dann auf die Johannisstraße trifft. Bis zu ihrem Abriss 1808 stand an diesem Platz die Johanniskirche, die dem Handwerkerviertel seinen Namen gab. Rechts in die Straße hineinlaufen, in Richtung des Marktes. Die Marktbrunnen-Figur stellt König Zwentibold dar, der der Stadt 898 die Markt-, Münz- und Zollrechte verlieh. An der Marktstraße steht das 1476 erstmals erwähnte 3) Rathaus mit dem Pranger davor. Das mit Ochsenblut rot angestrichene Haus diente zunächst als Gewandhaus der Tuchhändler und wurde dann zum Rathaus gemacht. Nach der Flutkatastrophe von 1818 wurde es verkauft und kurzzeitig als Bierlager verwendet. Erst seit den 1930er Jahren ist es wieder Sitz des Rates und der Verwaltung der Stadt. Durch den Rathausbogen und die Fibergasse verläuft der Rundgang weiter zum Salzmarkt und rechts in die Orchheimer Straße, in der das im Stile der Moselfachwerkhäuser errichtete 4) Windeckhaus des Tuchmachers Paulus Pick steht. Nun am Orchheimer Tor rechts in die Turmstraße und diese weiter bis zum Heisterbacher Tor gehen und dort erneut rechts abbiegen. Der Heisterbacher Straße folgen, bis es wieder rechts in die Marktstraße geht.

Gleich links halten, hier führt der Rundgang in die Langenhecke und zur 5) Stiftskirche St. Chrysantus und Daria. Der Nachfolgebau einer Kapelle des irischen Mönches Willibrord von 800 ist unüblicherweise, wahrscheinlich aufgrund des Verlaufes des Erfttales, nicht ost-westlich ausgerichtet. Errichtet wurde die heute dreischiffige Basilika zu Anfang des 12. Jh. als benediktinische Klosterkirche. Im 17. und 18. Jh. folgte eine Barockisierung. Unter der Kirche befindet sich eine beeindruckende fünfschiffige Hallenkrypta. Auch ein Blick ins Innere der Kirche, wo sich Taufstein, gotische Madonna, Pietà und das reich verzierte Hochgrab des Grafen Gottfried von Bergheim befinden, lohnt sich. Auf dem Klosterplatz befindet sich das Heimatmuseum in einem 1167 für begüterte Kanoniker gebauten Natursteinhaus. Durch die Pistorei gelangt man links in die Alte Gasse, dort liegt linker Hand das Gelände des Kapuzinerklosters. Weiter und an der Stadtmauer rechts geht es zurück zum Ausgangspunkt und zum

Café »T« - Seit 1981 bietet das Café mit seinen gemütlichen Gasträumen, die originell eingerichtet und dekoriert sind, im historischen Stadtkern nahe des Werther Tores im Wochenfahrplan kreative Gerichte an. Des Weiteren gibt es kleine Speisen, hausgebackene Kuchen, Joghurt, Eis, Kaffee- und Teespezialitäten sowie gute Getränke zu vernünftigen Preisen. Sehr schön ist der Wintergarten mit Innenhofterrasse und »Scheune«. - Mo. bis So. 9-24 Uhr, kein Ruhetag.

Weitere Wanderwege

Tour 1 - 24 km - 8 Stdn. - Wanderung durch Urwaldparzellen über den Michelsberg, der wunderbare Aussichten bereithält.

Tour 2 - 22 km - 6¾ Stdn. - Rundwanderung von Bad Münstereifel über die Steinbachtalsperre durch den Flamersheimer Wald und zurück.

Tour 3 - 19,8 km - 6½ Stdn. - Wanderung entlang der Erft bis zu ihrer Quelle in Holzmühlheim, wo man sich zum Erftkadetten taufen lassen kann.

Tour 4 - 24,9 km - 8½ Stdn. - Wanderung mit geschichtlichem Hintergrund: Zur römischen Tempelanlage über die archäologisch und geologisch bedeutende Kakushöhle durch die Naturschutzgebiete Halsberg und Eschweiler Tal.

TOUR
17

Kirchsahr-Binzenbach - Unterkrälingen - Schildkopf - Kreuzberg - Sahrbachweg - Burgsahr - Binzenbach

Charakteristik - Wunderbare wenn auch anspruchsvolle Wanderung mit herrlichen Aussichten über die Eifelhöhen und ins Ahrtal. Hinter Unterkrälingen folgt eine einmalige Gratwanderung über den Schildkopf mit grandiosem Talblick über Kreuzberg und seine eindrucksvolle geschichtsträchtige Burg und Abstieg nach Kreuzberg. Alternativ: leichter Abstieg über Waldwege. Dann geht es auf dem neu angelegten Sahrbachweg durch das malerische Sahrbachtal. Festes Schuhwerk empfohlen.
Anfahrt - A 61 oder A 565 bis Autobahnkreuz Meckenheim, dann B 257 über Altenahr nach Kreuzberg, von hier auf die L 76 bis Binzenbach. - Von Bonn über Rheinbach, dort auf die L 113 bis Abzweig Houverath, dann auf die L 497 bis Binzenbach. - Aus Richtung Köln A 1 bis Ausfahrt Bad Münstereifel, dann auf die L 234 über Effelsberg und auf die L 76 nach Binzenbach. - Nächster Bahnhof in Kreuzberg (u. a. Verbindungen von Köln), Busverbindungen nur wochentags!
Parken - Gäste-P beim Hotel-Restaurant Eifelstube.

16 km

4½ Stdn.

200 m

Binzenbach - Schildkopf - Kreuzberg - 2½ Stdn. - Gegenüber der »Eifelstube« über die schmale Holzbrücke über die Sahr und gleich scharf links auf den 2006 eröffneten Sahrbachweg, Markierung [Schwarzer Punkt auf weißem Grund mit seitlichen grünen Balken]. Nach ca. 100 m kommt man an eine Informationstafel zum historischen Bergbau im Sahrbachtal und etwa 70 m weiter geht es rechts ab auf einen Fußpfad. Achtung: Der Abzweig ist leicht zu übersehen **(!)**. Der Fußpfad führt in Serpentinen hinauf zu einem Aussichtspunkt mit herrlichem Blick über das obere Sahrbachtal. Der Fußweg führt weiter hinauf, vorbei an einem Antennenmast zu Ferienhäusern. Hier geht man geradeaus weiter bis zur Fahrstraße und auf ihr ca. 450 m bis zum Ortsanfang von Häselingen. Am Brunnen links bis zum Hauptwanderweg des Eifelvereins, dem Ahr-Venn-Weg mit der Markierung [Schwarzer Winkel auf weißem Grund]. Man folgt diesem nach rechts über die Eifelhöhen mit weitem Blick über das Ahrgebirge. Dieser Weg ist gut markiert, immer auf das Zeichen [Winkel] achten. In Unterkrälingen überquert man die Straße, geradeaus abwärts. Am Ortsendeschild geht es 300 m Richtung Kreuzberg, dann links auf den Fußweg, man kommt erneut für etwa 150 m auf die Straße und biegt dann wieder links ab in den Wald, erreicht erneut die Straße und geht darauf ca. 80 m bis zu einer Waldschneise linker Hand. Hier verlässt man den Eifelvereinsweg und geht

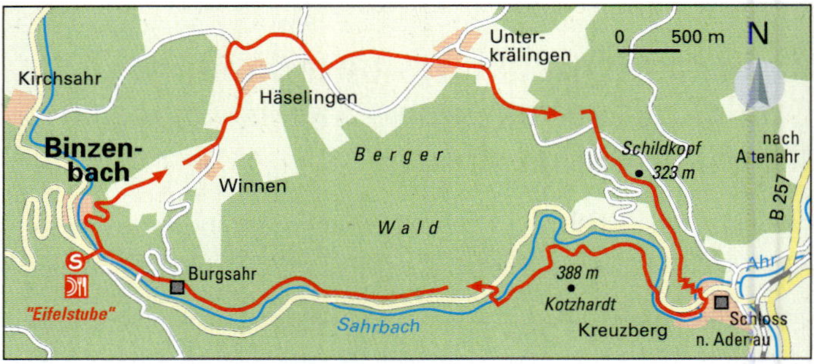

über die Schneise parallel zur Straße in den Wald, Markierung [N]. Der nun folgende Weg über den Schildkopf erfordert Trittsicherheit und Schwindelfreiheit! Bei Nässe oder Eis und Schnee sollte er gemieden werden. Der Weg führt nach 200 m links auf einem schmalen Trampelpfad im Auf und Ab über den Grat und die Felsen des Schildkopfs, zunächst zu einem Aussichtspunkt oberhalb von Kreuzberg mit sagenhaftem Blick über die Burg Kreuzberg, das Dorf und das Ahrtal. Dann führt er in Serpentinen steil hinab nach Kreuzberg. Alternative bei schlechtem Wetter: Ab Waldschneise scharf links gemächlich abwärts mit der Markierung [12] nach Kreuzberg.

➡ **Kreuzberg - Binzenbach** - 2 Stdn. - In der Dorfmitte an der Ahr beginnt der Sahrbachweg, Wegweiser [Sahrbachweg, schwarzer Punkt auf weißem Grund und seitlichen grünen Balken]. Unterhalb der Burg geht man ca. 200 m auf der Fahrstraße, vorbei an einer Bäckerei. Vor der Brücke über die Sahr erreicht man links einen Platz an der Sahr, der sich als Rastplatz eignet. Die darüber gelegene Kapelle am Burgtor ist eine Besichtigung wert, man geht einfach 30 m die Burgstraße hinauf und dann scharf links zur Kapelle. Von dem Rastplatz geht es auf gut markiertem Weg am Sahrbach entlang, man kommt durch einen Wald, auf einen ansteigenden Weg und wieder hinunter zum Sahrbach, vorbei an einem auf der anderen Bachseite gelegenen Campingplatz, bis man die Straße erreicht. In diese biegt man nach rechts ein und verlässt sie nach 50 m wieder nach links. Auf der anderen Seite des Sahrbachs geht man nun vorbei an Informationstafeln und über Holzstege immer geradeaus,

vorbei an Burgsahr mit seiner Burg bis Binzenbach, wo den Wanderer im Hotel-Restaurant Eifelstube eine wohlverdiente Stärkung erwartet.
Hotel-Restaurant Eifelstube - Das herrlich im Sahrbachtal gelegene Gasthaus befindet sich in dritter Generation in Familienbesitz. Die gepflegten Gästezimmer sind modern eingerichtet. In gemütlichen Gasträumen mit Kaminstube und auf der schönen Terrasse genießt man die bekannt gute, vielfältige Küche mit saisonal wechselnden Gerichten (Lamm, Spargel, Fisch, Wild), dazu schmecken die erlesenen Weine. Für sportliche Gäste gibt es einen Tennisplatz, für Camper auf der Durchreise fünf Wohnmobilstellplätze. Der Chef holt Wanderer auch vom Wanderziel ab! Großer P. - Ruhetag = Di.

TOUR **18**

Schuld - Spicher Ley - Sierscheid - Liersbachtal - Harscheid - Schuld

Charakteristik - Über die Höhen im Ahrgebirge mit sensationellen Aus- und Weitblicken über die Ahrregion. Wegen zweier Anstiege über die Spicher Ley zum Dümpelhardt und vom Laubachshof nach Harscheid ist gute Kondition erforderlich. Der Felsenpfad zur Spicher Ley ist ungefährlich.
Anfahrt - A 61 Koblenz - Mönchengladbach, am Kreuz Meckenheim auf die B 257 Richtung Adenau/Nürburgring, in Dümpelfeld rechts nach Schuld. - A 1 bis Autobahnende Blankenheim, L 115 Richtung Ahrhütte, dann B 258 Richtung Adenau/Nürburgring, in Müsch links, über Fuchshofen nach Schuld. - A 48 Koblenz - Dreieck Vulkaneifel, Ausfahrt Ulmen, B 257 über Adenau nach Dümpelfeld, dann links nach Schuld.
Parken - P direkt am Hotel-Café-Restaurant Schäfer oder 50 m weiter oberhalb der Kirche.

17 km
4½ Stdn.
360 m

Schuld - Der Ort liegt eindrucksvoll auf einem senkrecht abstürzenden Felsen. Der romanische Kirchturm aus dem 13. Jh. bestimmt das Dorfbild eindrucksvoll. Die übrige alte Kirche wurde zerstört und später wieder aufgebaut. Weiter sehenswert ist die oberhalb der Kirche auf einer Waldlichtung stehende Schornkapelle und die dahinter liegende Freilichtbühne.
Der Rundweg - Vom Parkplatz an der Kirche geht es rechts hinunter, nach 50 m links über die Ahrbrücke und sofort dahinter rechts, dann links und wieder rechts entlang der Ahr, Markierung [Schwarzes Dreieck], zunächst auf asphaltiertem Weg, dann auf Waldweg, leicht ansteigend. An der ersten Wegekreuzung rechts, dem Holzwegweiser [Spicher Ley] folgend, vorbei an einem Aussichtspunkt mit roter Bank.

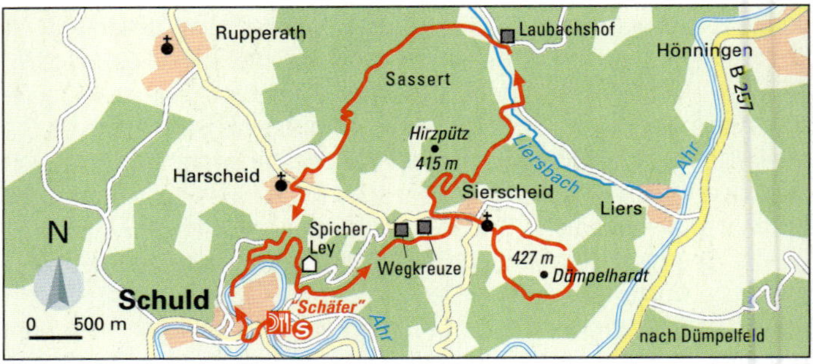

50 m dahinter links auf Fußweg steil hoch durch den Wald, in einer Schleife rechts über den Bach, geradeaus weiter, den Pfeilen folgend zu einem Felsenweg, der zur Blockhütte Spicher Ley führt. Von hier bietet sich ein grandioser Blick über Schuld und das Ahrtal. Es geht dann hinunter zu einer kleinen Straße, hier links und wieder rechts und nach etwa 100 m geradeaus auf breitem Weg, Markierung [1], vorbei an zwei Wegkreuzen langsam hinauf nach Sierscheid. Dort halb rechts auf der Straße durch das Dorf bis zur Maternus-Kapelle, wo der Rundweg um den Dümpelhardt beginnt, [1]. Dieser wunderbare Panoramaweg von etwa 2 km Länge ist ein Muss und bietet sensationelle Aus- und Rundblicke über das gesamte Ahrgebirge. Zurück an der Maternus-Kapelle führt der Weg auf der Hauptstraße geradewegs durch das Dorf in Richtung Harscheid. Etwa 250 m hinter dem Ortsschild, an einer Linde mit Ruhebank, rechts und nach weiteren ca. 100 m erneut rechts in den Wald und auf breitem Weg in teilweise scharfen Kehren hinunter in das Liersbachtal. Achtung **(!)**: An der ersten scharfen Rechtskurve nicht geradeaus gehen, sondern rechts weiter hinunter. Unten am Waldrand angelangt links abbiegen und nach ca. 250 m wieder rechts über den Liersbach bis zur wenig befahrenen Straße K 28. In diese links einbiegen. Im malerischen Liersbachtal gibt es übrigens noch Wildschafe, die raren Mufflons, die Wanderer allerdings nur ganz selten zu Gesicht bekommen. Nach 500 m, am einzigen Gebäude in diesem einsamen Tal, dem schön renovierten Laubachshof, der in Privatbesitz und leider nicht zu besichtigen ist, biegt man links ab auf den Weg des Eifelvereins mit der Markierung [Schwarzes Dreieck]. Nach ca. 300 m geht es an einer Weggabelung links weiter. Der breite Waldweg führt langsam hoch. Achtung **(!)**: Nach 1 km geht es links ab auf einen Fußweg, was leicht übersehen werden kann. Dieser Fußweg führt steil hoch, zum Teil in Kehren bis zum Waldrand. Stets auf die Markierung [Schwarzes Dreieck] achten! Oben am Waldrand links und nach 100 m rechts

Flusslauf der Ahr

Das Dorfpanorama von Schuld, eindrucksvoll auf einem senkrecht abstürzenden Felsen gelegen

auf einem Wiesenweg hoch bis zu einem Wäldchen. Hier oben gibt es erneut einen herrlichen Rundblick über die ganze Region. Eine Ruhebank lädt zu einer Pause ein. Es geht dann rechts weiter und nach 20 m wieder links hinunter nach Harscheid. Nach Überqueren der Straße links und nach weiteren 30 m wieder links geht es dann in einer Rechtskehre hinunter nach Schuld. Der Weg führt in den Wald hinein. An einer Rechtskurve gibt es einen schönen Blick hinab in das Ahrtal. Vorsicht: Nach gut 100 m geht es links hinunter - nicht geradeaus gehen **(!)** - und nach weiteren 100 m erneut links steil hinunter zur Ahr und nach Schuld.

Hotel-Cafe-Restaurant Schäfer - Der Familienbetrieb besteht seit 1929 und verfügt über 13 liebevoll eingerichtete Gästezimmer und eine romantisch gelegene Terrasse mit Liegewiese. Das Haus hat eine gut bürgerlich-regionale Küche mit Eifeler Wildgerichten, Vesperkarte sowie hausgemachte Kuchen. Jeden Freitagabend findet ein großes Reibekuchenbuffet statt. - Ruhetage = Mi. und Do. (außer an Feiertagen und bei vorbestellten Gesellschaften).

TOUR
19

Schuld - Harscheid - Schuld - Ahrblick - Freilichtbühne - Schuld

9 km

2½ Stdn.

Charakteristik - Ein schöner, individueller, mittelschwerer Weg rund um Schuld, mit zahlreichen eindrucksvollen Aussichten und Rastmöglichkeiten, durch ein markantes Felsgebiet, am Fluss entlang, durch Wald und Wiesen. Gutes Schuhwerk ist erforderlich. Außerdem führt die Strecke über einen kleinen Wallfahrtsweg zum Kleinod Schornkapelle (Schlüssel bei der Verbandsgemeinde erhältlich, vor Beginn der Wanderung dort abholen!) und zu einer Freilichtbühne.

Anfahrt - A 61 Koblenz - Mönchengladbach, am Kreuz Meckenheim auf die B 257 Richtung Adenau/Nürburgring, in Dümpelfeld rechts nach Schuld. - A 1 bis Autobahnende Blankenheim, L 115 Richtung Ahrhütte, dann B 258 Richtung Adenau/Nürburgring, in Müsch links, über Fuchshofen nach Schuld. - A 48 Koblenz - Dreieck Vulkaneifel, Ausfahrt Ulmen, B 257 über Adenau nach Dümpelfeld, dann links nach Schuld.

Parken - Gäste-P Hotel »Zur Linde«.

Der Rundweg - Vom Hotel-Restaurant-Café »Zur Linde« die Domhofstraße 80 m hinunter, dann rechts auf einem Pfad an Fachwerkhäusern vorbei, weiter rechts halten und über die Brücke mit Blick zur Schulder Mühle aus dem 17. Jh. Auf der Römerstraße links aufwärts in den Römerweg, geradeaus bis hinter Bruchsteinmauer; dann links mit dem Wegweiser [Spicher Ley] bis zur ersten Rast- und Aussichtsmöglichkeit. Nach 10 m links auf steilem Pfad zur Schutzhütte mit Ausblick auf Schuld im Talkessel, die kleine Ahrschleife und verschiedene Bergkämme. Auf dem gut begehbaren Pfad weiter durch Schiefer- und Granitfelsformationen, dann immer weiter rechts haltend, geradeaus auf und ab durch Wald mit üppiger Flora, Gebirgsbach und vielen schönen Ausblicken bis Harscheid. Dort Talstraße links hinunter, bis auf die Höhe des Gasthauses und links auf Feldweg [ohne Markierung] hinunter bis zum Waldrand **(!)**. Hier rechts auf den Wanderweg mit der Markierung [Schwarzes Dreieck], an Y-Kreuzung links halten, bis Schuld. Am Haus Am Berg 2 scharf links und mit [Schwarzem Dreieck] an der Ahr entlang weiter auf der ruhigen Straße Am Berg. Sie mündet in die Ahrstraße. Dieser bis Hs. Nr. 27 folgen, dort links bis zur Hauptstraße und links über die Ahrbrücke mit schönem Blick auf den Fluss und imposante Felsformationen. Vor der Kirche rechts, Wegweiser [Freilichtbühne] bis zum Wegweiser [Parkplatz]. Dort rechts, sofort links (ca. 10 m), dann rechts und wieder links. Nach 15 m dem Wegweiser [Aussicht 1 + 2] rechts folgen. Nun links mit dem [Schwarzen Dreieck] in Serpentinen aufwärts zur Schutzhütte mit prächtiger Aussicht. Weiter bis T-Kreuzung, links ab-

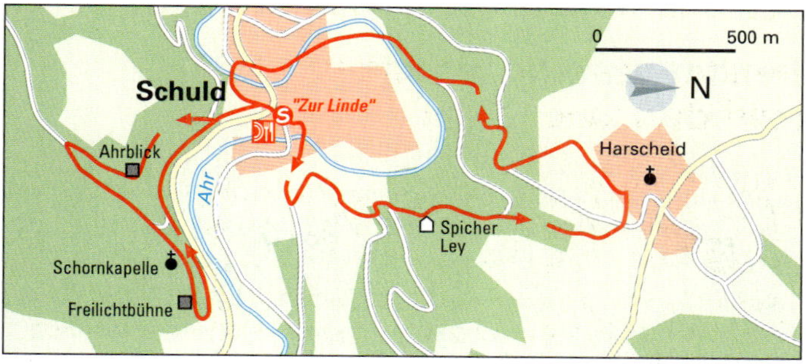

wärts [ohne Markierung] zur Schutzhütte Ahrblick mit Blick auf Schuld, Ahr und Harscheid. Nun Teerweg links abwärts bis zur K 16. Hier erneut links an der ruhigen Straße entlang bis zu scharfer Linkskurve. Dahinter rechts kann die Schornkapelle besichtigt werden. Der ursprüngliche Bau entstand vor 1700, ein Neubau 1879 und eine vollständige Restaurierung 1994. In der Mittelnische des Altars steht eine originalgetreue Nachbildung der Pietà, da die ursprüngliche aus dem 17. Jh. gestohlen wurde. Hinter der Kapelle befindet sich die Freilichtbühne (Spielplan und Kartenbestellung unter Tel. 02695/318). Am Zaun der Kapelle mit dem Wegweiser [Wallfahrtsweg] weiter. Er folgt mit zwei Stationen der K 16 und biegt dann links ab und führt dann mit fünf weiteren Stationen und einem urigen kleinen Brunnen Richtung Schuld bis zum P, dort links zur Kirche und zurück zum

Hotel-Restaurant-Café »Zur Linde« - Der zentral gelegene, traditionsreiche Betrieb, seit 1852 in Familienbesitz, verfügt über behagliche Gästezimmer. Die feinen, gutbürgerlichen Spezialitäten (u. a. Eifeler Wild- und Fischgerichte) werden aus marktfrischen Produkten zubereitet, von der leichten Zwischenmahlzeit bis zum kompletten Menü. Am Suppentag (Do.) kann man neben der normalen Karte aus verschiedenen hausgemachten Eintöpfen wählen. Von den gemütlichen Gasträumen mit Ahrterrasse hat man einen herrlichen Blick in die Eifellandschaft. Neben leckeren hausgemachten Kuchen und Torten gibt es am ersten Sonntag im Monat frische Waffeln. Ausgeschenkt werden Fassbiere und erlesene Weine von der Ahr. Mittlere Preise. - Ruhetage = Mo. und Di.

INFO

Der Rotweinwanderweg

Charakteristik - Die 35 km lange Wanderung (Gehzeit ca. 7 Stdn.) führt mitten durch die Weinbergsterrassen des Weinanbaugebietes Ahr und bietet einen herrlichen Blick in das romantische Tal. Der Einstieg ist in allen Weinorten an der Ahr möglich.
Anfahrt - A 61 Koblenz - Mönchengladbach, Kreuz Meckenheim, Ausfahrt Altenahr. Dann auf der B 257 weiter bis Altenahr. Oder A 61, Ausfahrt Bad Neuenahr-Ahrweiler.
Parken - Parkmöglichkeiten sind in allen Orten vorhanden.

Das Ahrtal - Das Ahrtal ist eines der schönsten Seitentäler des Rheins und verbindet die Eifel mit dem Rheintal. Die Ahr entspringt im Keller eines alten Fachwerkhauses in Blankenheim und windet sich zwischen steilen Weinbergsterrassen, vorbei an Felsgraten und Wäldern, und fließt durch insgesamt 13 Orte, u. a. die Weinorte Altenahr, Mayschoß, Rech und Dernau. Der Weinbau, den wohl die Römer in die Region brachten, prägt das Ahrtal bis heute - nicht nur bei den stimmungsvollen Festen und Veranstaltungen der Winzer und Gastronomen. Mit seiner herrlichen Landschaft und einem gut ausgebauten Wanderwegenetz erfreut sich das Ahrtal großer Beliebtheit bei Wanderern und lockt außerdem mit dem Nordic-Walking-Parcours »Wanderland Ahrtal«.

Thermalbadehaus in Bad Neuenahr

Altenahr - Ausgangsort des Rotweinwanderweges - besitzt schmucke alte Fachwerkhäuser und bietet weitere Sehenswürdigkeiten wie die markanten Felsen mit dem sagenumwobenen Teufelsloch über dem Langfigtal, die Burgruine Are und den hohen Ditschardt, der auch mit einem Sessellift erreichbar ist. Mayschoß ist Sitz der ältesten Winzergenossenschaft der Welt. Ihre Gewölbekeller und das Weinbaumuseum lohnen eine Besichtigung. Überragt wird der Ort von der Ruine der Saffenburg. Sehr idyllisch präsentiert sich Rech mit steilen Weinbergen und der 250 Jahre alten Nepomukbrücke. Der größte Weinort an der Ahr ist Dernau, wo auch die DAGERNOVA, die größte Winzergenossenschaft der Region beheimatet ist. Vom Krausbergturm reicht der Blick über die Weinlandschaft bei guter Sicht sogar bis zum Kölner Dom! Kloster Marienthal beherbergt eines der ältesten deutschen Weingüter. Die romantische Ruine der Klosterkirche dient oft als Rahmen für kulturelle Veranstaltungen. In Walporzheim findet man mit dem Wein-

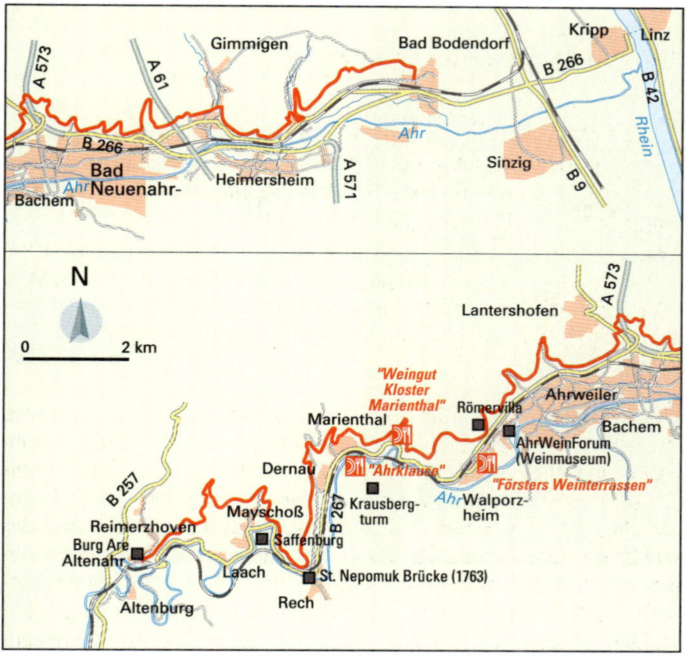

haus Sanct Peter von 1246 das ältestes Weinhaus an der Ahr. Weitere Besonderheiten sind die »Bunte Kuh«, eine bizarre Felsformation, und die »Walporzheimer Gärkammer«, die kleinste Weinbergslage im gesamten Anbaugebiet. Bad Neuenahr-Ahrweiler zeigt in seinen beiden Stadtteilen zwei ganz verschiedene Gesichter. Bad Neuenahr, die jüngere Hälfte der Stadt, besticht durch ihre modernen Kuranlagen, die Jugendstilhäuser, das elegante Casino und die Ahr-Thermen. Die berühmteste ihrer Heilquellen ist die Apollinaris-Quelle. Ahrweiler versprüht hingegen historischen Charme. Ein vollständig erhaltener mittelalterlicher Mauerring mit Wallgraben, Türmen und Toren aus dem 13. Jh. umgibt den Stadtkern mit seinen romantischen Fachwerkhäusern. Zwischen Bad

Der Rotweinwanderweg

Neuenahr und Ahrweiler liegt der Stadtteil Bachem, in dem das alte Backhaus aus dem 17. Jh. besondere Beachtung verdient. Die drei Bachemer Kapellen sind ein lohnendes Wanderziel. Unbedingt probieren sollte man auch den Frühburgunder, die typische Bachemer Weinspezialität. Heimersheim, ein weiterer Stadtteil von Bad Neuenahr-Ahrweiler, wird dominiert vom Vulkankegel Landskrone mit Resten einer Burganlage und einer Kapelle. Weitere Sehenswürdigkeiten sind die spätromanische Pfarrkirche St. Mauritius aus dem 13. Jh. mit ihren romanischen Fenstern aus der Erbauungszeit, der Zehnthof, das wieder errichtete Westtor und das alte Backhaus aus dem 13. Jh. Bad Bodendorf bildet das Ziel des Rotweinwanderwegs. Das kleine Kurbad besitzt ein Thermal-Freibad und ist ein idealer Ausgangspunkt für Ausflüge in das Ahrtal, die Eifel und an den Rhein.

➡ Der Rotweinwanderweg - Hier kann man dem Winzer bei der Traubenlese über die Schulter schauen, dort viele fleißige Hände bei der Arbeit beobachten. Was man schon immer einmal zum Thema Weinlese wissen wollte...? Das Gespräch mit den Experten im Weinberg gibt Auskunft. Der Rotweinwanderweg im Ahrtal macht's möglich. Herrliche Touren mitten durch die Weinbergsterrassen des Rotweinparadieses bieten nicht nur phantastische Aussichten. Sie gewähren auch einen Einblick in eines der bekanntesten Rotweinanbaugebiete Deutschlands. Die Route durch das »Paradies der roten Trauben« ist zugleich eine Informationstour vor Ort. Der malerische, mit der [Roten Traube] markierte Wanderweg führt von Altenahr nach Bad Bodendorf, ist 35 Kilometer lang und verbindet die Weinorte oberhalb des romantisch gelegenen Flussbetts der Ahr. Alle Orte stehen in direkter Verbindung zu dem 1972 eröffneten Wanderweg. Wer zwischendurch einen süffigen Schoppen genießen oder eine erholsame Pause einlegen möchte, gelangt über den jeweiligen Abstieg an den Weinort seiner Wahl. Dort warten gemütliche Weinstuben, tolle Weinkeller und berühmte Winzergenossenschaften auf Wanderfreunde und Weintrinker. Und für jene, die direkt an der Ahr wandern, schlängelt sich gegenüber ein gut befestigtes Pendant durch teilweise unberührte Natur.

Der Rotweinwanderweg ist bequem in drei Etappen zu bewältigen:

Altenahr - Rech, ca. 7 km, ca. 2 Stdn., Höhendifferenz insgesamt 430 m.

Rech - Ahrweiler, ca. 14½ km, ca. 3½ Stdn., Höhendifferenz insgesamt 550 m.

Ahrweiler - Bad Bodendorf, ca. 13½ km, ca. 3½ Stdn., Höhendifferenz ca. 400 m.

Bei der Tour auf dem Rotweinwanderweg soll natürlich auch das leibliche Wohl nicht zu kurz kommen - dafür sorgen u. a. die folgenden Gastronomiebetriebe.

Weinstube - Café Ahrklause in Dernau - Das beliebte Ausflugslokal liegt eingebettet in Wald und Weinberge. Neben der gemütlichen Weinstube lädt die große, teilweise überdachte Sonnenterrasse mit Panoramablick zu einer Rast ein. Zur Stärkung werden selbst gebackene Kuchen sowie herzhafte Vesperplatten (Spezialität: Schwarzwälder Schinkenplatte) angeboten. Ausgeschenkt werden feine Rot- und Weißweine von der Ahr aus eigenem Anbau (auch Weinverkauf). Einen erholsamen Aufenthalt ermöglichen die modernen Gästezimmer und das im Ort gelegene Ferienhaus. - ÖZ: 1.4.-1.11. Di. bis Fr. ab 15.30 Uhr, Sa., So. und Fei. ab 11 Uhr. Ruhetag = Mo.

Weingut Kloster Marienthal - Im ausgesprochen gepflegten historischen Ambiente der Klosteranlage befinden sich moderne Verkaufsräume, ein stilvoller Gastraum und ein reizvoller Innenhof, der begrenzt wird durch die Klosterruine und die Weinberge. Weinproben werden ebenso angeboten wie kleine, zum Wein passende Speisen, z. B. Flammkuchen. - ÖZ: Täglich ab 10 Uhr. Kein Ruhetag.

Weingut Kloster Marienthal

Försters Weinterrassen in Walporzheim - Die von Gaudí und Hundertwasser inspirierte Architektur und die Terrassen mit Ausblick in das Ahrtal bilden den passenden Rahmen, um die variantenreiche, leckere Küche mit pikanten Wildspezialitäten und gesunden Gerichten aus der Eifel - alles zubereitet aus frischen Produkten der Saison - zu genießen. Zum Nachmittagskaffee gibt es selbst gebackene Kuchen. Samstags kann man sich an einem vielseitigen Ahrtal-Buffet satt essen, sonntags erwartet die Gäste ab 9 Uhr ein großes Frühstücksbuffet. Die Kinder- und Familienfreundlichkeit zeigt sich im eigenen Kinderspielplatz und in der speziellen Kinderkarte, die kleine Speisen zu kleinen Preisen anbietet. - ÖZ: Im Sommer täglich ab 10 Uhr, So. ab 9 Uhr. Im Winter Fr., Sa. und So. geöffnet.

Weitere Informationen - Ahr Rhein Eifel Tourismus & Service GmbH, Klosterstraße 3-5, 53507 Marienthal, Telefon 02641/97730, E-Mail: info@ahr-rhein-eifel.de, Internet: www.ahr-rhein-eifel.de oder

Brohltal

Anfahrt - A 61 Koblenz - Mönchengladbach, Ausfahrten Mendig, Wehr, Niederzissen und Dreieck Sinzig.

✪ **Verbandsgemeinde Brohltal** - Im wunderschönen Nationalen Geopark »Vulkanland Eifel« - Vulkanpark Brohltal/Laacher See gelegen, schlossen sich 1970 mit Sitz in Niederzissen 17 Gemeinden zur Verbandsgemeinde Brohltal zusammen. Die Region in einem der schönsten Seitentäler des Rheins bietet dem Besucher herrliche Natur mit großen Waldflächen und Vulkanlandschaften, Seen und natürlich den markanten Brohlbach, dem die Verbandsgemeinde ihren Namen verdankt.
✪ **Sehenswürdigkeiten** - Mit dem Vulkanexpress, einer historischen Schmalspureisenbahn, die das Rheintal und die Eifelhöhen miteinander verbindet, fährt man in etwa 1½ Stunden durch die bezaubernde Landschaft des reizvollen Brohltals. Auf ihrem Weg von Brohl-Lützing am Rhein bis Kempenich-Engeln passiert die Eisenbahn dabei zahlreiche Sehenswürdigkeiten und fährt in gemächlichem Tempo vorbei an Burgen, über elegante Steinbrücken und durch einen langen Tunnel bis auf die Hochflächen der vulkanischen Osteifel. Vor allem bei schönem Wetter ist die Fahrt im dann offenen Wagon ein ganz besonderes Vergnügen. Die automatische Fahrplanansage ist unter 0 26 36/8 05 00 zu erreichen.
Bekannt ist Brohltal vor allem durch den um etwa 10000 v. Chr. durch Vulkanismus entstandenen Laacher See, an dessen Ufer das geschichtsträchtige Kloster Maria Laach steht. Von der Abteikirche im Laacher Tal zwischen Waldrand, See, Feldern und Wiesen, die wohl zu den berühmtesten Bauwerken der Eifel zählt, geht eine ganz besondere spürbare Ruhe aus, die die Menschen in ihren Bann zieht. 1093 wurde das Kloster von Pfalzgraf bei Rhein Heinrich II. von Laach gegründet, um dadurch sein und das Seelenheil seiner Gemahlin zu sichern, nachdem ihre Ehe kinderlos geblieben war. Bis zur Fertigstellung des Baus sollten allerdings einige Jahrhunderte vergehen. Die sechstürmige Klosterkirche, die auch Laacher Münster genannt wird, gilt als eines der bedeutendsten und stilreinsten Denkmäler der romanischen Kirchenbaukunst in Deutschland. Besonders beeindruckend ist die »Paradies« genannte Vorhalle mit ihren 120 phantasie- und kunstvoll gefertigten Kapitellen, die an die prachtvolle Westfassade angefügt wurde. Heute gehört die Abtei zum Benediktinerorden. Auf

Abteikirche Maria Laach

dem klostereigenen landwirtschaftlichen Anwesen wird kontrollierter ökologischer Anbau und extensive Viehhaltung betrieben. Ein Großteil der Erträge wird für den Eigenbedarf der Mönchsgemeinde und deren Mitarbeiter verwendet, ein weiterer Teil wird verkauft. Auch der Laacher See, dessen touristische Einrichtungen, eine Gärtnerei, ein Buch- und Kunstverlag und eine Buch- und Kunsthandlung sowie verschiedene Handwerksbetriebe gehören zum Orden.

Eine weitere Attraktion stellt das auf einer 440 m hohen Phonolithgruppe stehende Wahrzeichen des Brohltals dar: Burg Olbrück. Phonolith ist ein besonders wertvolles Vulkangestein, welches man zur Herstellung von Glas benötigt, und wird im Volksmund auch Klingstein genannt. Ihre einzigartige Lage auf dem Rest des Vulkans macht die Burg weithin bis auf den Rhein hinaus sichtbar. Die Geschichte der Burg ist sehr facettenreich: Die Burgbesitzer wechselten im Laufe der Jahrhunderte häufig und die Anlage wurde diverse Male zerstört und wieder aufgebaut, bis sie am Ende des 18. bzw. zu Beginn des 19. Jh. letztlich als Wohnsitz aufgegeben und dem Verfall überlassen wurde. Die stark zerstörte und heruntergekommene Anlage aus dem 11. Jh. wurde erst im Jahre 2001 saniert und wieder für die Öffentlichkeit zugänglich gemacht. Bei einem Besuch auf der Burg werden viele historische Zusammenhänge aufgeklärt und man lernt Spannendes aus dem fast 1000-jährigen Leben der Burg und dem ihrer Besitzer. Abgerundet wird ein Burgrundgang mit der Besteigung des 34 m hohen, imposanten Bergfrieds, von dem aus man an klaren Tagen sogar die Turmspitzen des Kölner Doms erkennt.

Rodder Maar

Wer Ruhe und Abgeschiedenheit in der Natur sucht, wird ganz in der Nähe der Burg, am Rodder Maar auf seine Kosten kommen, von wo aus man in den Abendstunden beobachten kann, wie die Sonne hinter der Burg untergeht. Das Rodder Maar ist ein Flachgewässer mit einer Wasseroberfläche von 5-6 ha und bietet Lebensraum für eine vielfältige und farbenfrohe Flora und Fauna. Es wird vermutet, dass das Maar durch einen Meteoriteneinschlag entstand. Bisher konnte dies jedoch nicht nachgewiesen werden. Im Laufe der letzten 200 Jahre wurde das Maar immer wieder durch Eingriffe des Menschen verändert: Mal wurde es trockengelegt, mal versuchte man, es mit Fichten aufzuforsten, dann wieder nutzte man es als Weidefläche. Nach einer erfolgreichen Renaturierung erwartet das Maar den Wanderer mit einer erholsamen Atmosphäre und herrlichen Ausblicken. Rund um das Maar und im gesamten Brohltal gibt es eine Vielzahl an gut ausgebauten Wanderwegen zu erkunden. Von der Tourist-Info der Verbandsgemeinde Brohltal in Niederzissen werden geführte

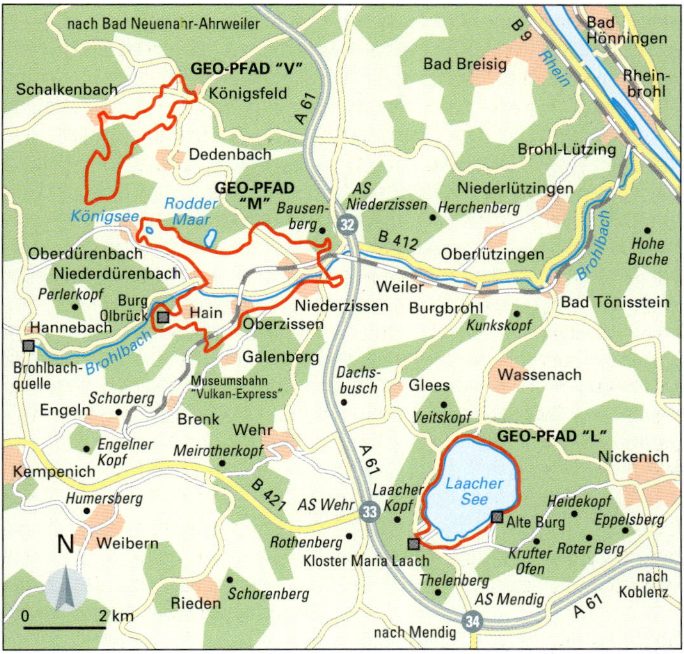

Wanderungen zu Sehenswürdigkeiten oder durch die Vulkanlandschaften angeboten. Außerdem kann man fünf Geo-Pfad-Routen durch den Vulkanpark Brohltal/Laacher See erwandern.

Wandervorschläge

➡Bergauf zum Phonolith-Dom - 22 km - Markierung [Geo-M] - Ausgangspunkt ist der Bahnhof Niederzissen - Eine Wanderung, auf der sich Sehenswürdigkeiten und die außergewöhnlich schöne Natur immer wieder abwechseln. Auf dem Weg von Niederzissen nach Oberzissen passiert man noch im Ort den ersten Blickfang, einen verfestigten vulkanischen Schlammstrom, der im Zweiten Weltkrieg als Bunker ausgebaut worden war. Ab dem Oberzissener Sauerbrunnen verläuft die Wanderung für 1 ½ km parallel zu einem Bach, um kurz darauf die Gleise des Vulkanexpresses zu kreuzen und dann einen Höhenrücken hinauf zu führen. Über diesen gelangt man ins Quackenbachtal und ab dort geht es steil bergauf nach Hain und zur Burg Olbrück auf dem Phonolithdom. Nach Besichtigung der Burg sollte man sich, bevor es wieder bergab geht, unbedingt die spektakuläre Aussicht vom Turm gönnen. Der Rückweg erfolgt über den Domrundweg bis nach Hain und weiter in Richtung Niederdürenbach. Nachdem das Dürenbachtal aufwärts erklommen ist, belohnt die erholsame Atmosphäre am Königssee für die Anstrengung. Ab hier geht der Weg weiter wieder in Richtung Brohltal, zum wunderschönen Kleinod Rodder Maar und dem außergewöhnlichen Hufeisenkrater Bausenberg und zurück zum Startpunkt.

Wanderung im Vinxtbachtal - 9 km - Markierung [Geo-V] - Ausgangspunkt ist das Bürgerhaus in Königsfeld - Entlang des Wanderweges stehen zahlreiche kreativ gestaltete Skulpturen. Mit der Markierung durchquert man den Ort und wandert einen idyllischen Weg entlang über Felder, auf denen sich herrliche Fernsichten ergeben. Nun geht man entlang einiger Waldpfade auf das Waldgut Schirmau zu. Kurz danach erreicht man den Aussichtsturm Wieselstein. Von dort aus führt der Weg über Felder und Wiesen bis Schalkenbach und zurück nach Königsfeld.

Laacher See Wanderung - 14 km - Markierung [Geo-L] - Ausgangspunkt: P gegenüber des Hotels Waldfrieden »Maria Laach« bei Wassenach - Ein Rundweg um den unvergleichlichen See, zugleich lehrreich und erholsam. Vom P geht es hinunter zum Seeufer, wo man dem ausgeschilderten Rundweg folgt. Verschiedene Gesteine der Erdzeitalter können hier erkundet werden und dem aufmerksamen Wanderer werden die Kohlensäurebläschen im Wasser auffallen, die ein Hinweis darauf sind, dass der Vulkanismus hier nur für den Moment ruht. Am Südufer sieht man einen mittelalterlichen Abfluss-Stollen, der als Hochwasserschutz für die Klosteranlage dient. Das prachtvolle Kloster Maria Laach lädt zum Verweilen ein, und der Steinlehrpfad zeigt Spannendes und Lehrreiches aus dem Themenbereich »Gestein«. Weiter geht es entlang des Rundweges, bis nach der Abzweigung des Höhenrundweges ein Waldweg zum Lydiaturm führt, von dem aus man zum Abschluss der Tour eine wunderbare Aussicht über die Landschaft genießen kann.

Adenau - Adenauer Forst - Schwedenkreuz - Wimbach - Adenau

Charakteristik - Diese sehr schöne und abwechslungsreiche Wanderung bietet trotz langer Abschnitte durch Wald auch weite Rundblicke. Auf bequemen, meist gut markierten Wegen sind nur wenige Anstiege zu bewältigen. Wochentags ist der Weg ruhig, an Rennwochenenden ist mit Lärm vom nahen Nürburgring zu rechnen. - Die Wanderung kann auf 14,7 km (ca. 3 ¼ Stdn. Gehzeit) erweitert werden (siehe unten). Teilweise bietet sich ein freier Blick auf die Nordschleife des Nürburgrings.
Anfahrt - Aus Richtung Mönchengladbach/Köln A 61 bis Kreuz Meckenheim, dann A 565/B 257 über Altenahr Richtung Nürburgring/Adenau. - Von Koblenz A 61 bis Ausfahrt Wehr, B 412 in Richtung Nürburgring, vor der Hohen Acht rechts nach Adenau.
Parken - Gäste-P Landhaus Sonnenhof.

9 km
2 ½ Stdn.
237 m

Adenau - Das 1000-jährige Städtchen (2300 Einwohner) liegt im Herzen des größten zusammenhängenden Waldgebietes der Eifel in einem Seitental der Ahr. Die enge Verbindung zum Johanniter- und Malteserorden spiegelt sich auch im Stadtbild wider, das von malerischen Fachwerkhäusern - ehemaligen Gebäuden der Adenauer Kommende - geprägt wird. Die 1224 gegründete katholische Pfarrkirche St. Johannes wurde mehrfach verändert und erweitert sowie nach Kriegszerstörungen wieder aufgebaut und enthält romanische, spät- und neugotische Elemente. Das Heimat- und Zunftmuseum dokumentiert die Geschichte des Johanniter-/Malteserordens und erläutert die Entwicklung der Adenauer Gerber-, Hammer- und Wollweberzünfte. Das Bauernhausmuseum ist in einem Bauernhaus aus dem 17. Jh. untergebracht und vermittelt mit Mobiliar, Gebrauchsgegenständen, Werkzeugen und landwirtschaftlichen Geräten einen interessanten Eindruck vom bäuerlichen Leben im 19. Jh. Am südlichen Ortsrand von Adenau liegt der Historische Stadtteil Buttermarkt. Hier steht der älteste noch nachweisbare Profanbau der Stadt, das um 1480 entstandene Burghaus der Herren von Adenau. Die Skulptur »Butterfrau« des Adenauer Bildhauers Georg Gehring erinnert an den alten Buttermarkt. Das Haus Romes-Hartmann wurde aus der oberen Hauptstraße hierher versetzt. Das Fachwerkhaus beherbergt heute eine Dauerausstellung des Adenauer Künstlers Bernhard Müller-Feyen (1931-2004) und das Studio des »Adenauer Bürgerkanals« (kommunaler offener TV-Kanal). Die Scheune wird heute als Veranstaltungsraum genutzt. Zur Anlage gehören auch ein funktionsfähiges Backhaus, eine Bauernstube, eine Dokumentation zum historischen Stadtteil Buttermarkt und ein Kräutergarten. - Ein 900 km langes Wanderwege-

netz erschließt das Gebiet der Verbandsgemeinde Adenau. Besonders interessant sind die verschiedenen Themenwanderwege. »Auf den Spuren der grünen Hölle« kann man Geschichte und Geschichten rund um den Nürburgring erwandern. »Auf den Spuren alter Mühlen« durchquert man die Bachtäler der Eifel und erkundet »Auf den Spuren der Ordensritter« die jahrhundertealte Geschichte der Region. Natürlich ist auch die Burgruine Nürburg ein spannendes Wanderziel. Sie thront hoch über dem Nürburgring. Ab Sommer 2009 präsentiert sich die legendärste Rennstrecke der Welt als ganzjähriges Freizeit- und Businesszentrum. Neben einem überdachten Boulevard mit den Markenwelten führender Automobilhersteller bietet das ring°werk, ein Indoor-Themenpark rund um Mythos, Motorsport und Mobilität, ca. 5 Stunden lang Unterhaltung für die ganze Familie. Ergänzt wird das Angebot durch Gastronomie, Shops, eine Arena und Eventhallen.

Landhaus Sonnenhof - Vier-Sterne-Hotel auf einem sonnigen Plateau hoch über Adenau. Die 33 Ambiente-Zimmer und 5 Suiten sind mit viel Liebe zum Detail eingerichtet. In stilvollen Gasträumen genießt man die kreative regionale und mediterrane Küche, in der Frischfleisch aus der Region und Gemüse aus ökologischem und eigenem Anbau verarbeitet werden. Zum Hotel gehören ein Wellnessbereich, zwei Kegelbahnen, vier Seminarräume, ein Festraum, eine Party- und Grillhütte sowie ein Naturkundepfad (Farbtafeln mit heimischen Tieren, Dauer 2 Stdn.). Attraktive Arrangements, u. a. in Verbindung mit dem Nürburgring, mit Wellness, Themen- und GPS-Wanderungen etc. - Kein Ruhetag.

Der Rundweg - Vom Landhaus Sonnenhof am Sonnenberg zurück bis zur Kreuzung, dann Keltenstraße rechts bis zur Wimbachstraße. Dieser nach links folgen, nach 50 m »Im Lenzenressel« rechts. Vom Hallen-Freibad badenova links hoch bis zum Schulzentrum, dann rechts hinauf zum Adenauer Forst. Rechts mit [2] zur Fuchsröhre. - Bald führt links ein kurzer Abstecher zum Schwedenkreuz. - Auf dem Rundweg geht es mit den Markierungen [2] und [Johanniterkreuz] und schließlich über die Brücke rechts nach Wimbach und weiter zur Wimbacher Hütte (471,5 m über NN). Von dort führen die Markierungen [1], [4] und [Johanniterkreuz] zurück nach Adenau zum Landhaus Sonnenhof.

Wegerweiterung - Am Beginn des Rundweges geht man vom »Sonnenhof« wie oben beschrieben zur Wimbachstraße und folgt dieser weiter hinunter nach Adenau. Rechts entlang der B 257 erreicht man Breitscheid und folgt dann rechts dem Eifelvereinsweg mit dem [Winkelzeichen] bzw. dem [Mühlrad] zur Quiddelbacher Mühle und nach Quiddelbach. Im Ort rechts und in Kehren immer der Markierung [Mühlrad] folgend bis zum Weg, der parallel zur Nürburgring-Nordschleife verläuft und das Schwedenkreuz passiert. Bald trifft man auf den oben beschriebenen Weg mit den Markierungen [2] und [Johanniterkreuz] und kehrt über Wimbach zurück nach Adenau zur erholsamen Einkehr im Landhaus Sonnenhof.

TOUR **21**

Über den höchsten Berg der Eifel: Jammelshofen - Hohe Acht - Kaltenborn - Herrenberg - Jammelshofen

14 km

4 Stdn.

450 m

Charakteristik - Der steile Anstieg auf den höchsten Berg der Eifel, die Hohe Acht (747 m), wird belohnt durch die großartige Rundsicht vom Kaiser-Wilhelm-Turm über die gesamte Region. Es folgt ein bequemer Höhenweg, von dem es mit schönen Ausblicken wieder hinab in das Herschbachtal nach Kaltenborn geht. Schließlich führen einsame Wege hinauf zum Herrenberg und durch das Pfaffental wieder hinunter nach Jammelshofen. Wegen der beiden Anstiege ist gute Kondition erforderlich.

Anfahrt - A 61 Koblenz - Mönchengladbach, Ausfahrt Wehr, B 412 Richtung Nürburgring über Kempenich und Hohenleimbach nach Jammelshofen.

Parken - Großer öffentlicher P und Gäste-P direkt am Waldhotel.

Jammelshofen - Der Ortsteil von Kaltenborn ist der Hauptwintersportort in der Hocheifel. Sehenswert sind die St. Wendelinus-Kapelle und die Pfarrkirche St. Servatius in Kaltenborn.

Ortsansicht von Jammelshofen

Die Hohe Acht (747 m) - Der höchste Berg der Eifel. Der Gipfel besteht aus einer Basaltkuppe, die das Grundgestein aus Schiefer durchschlagen hat und dieses in einer Höhe von ca. 78 m überragt. Der Kaiser-Wilhelm-Turm wurde 1908/09 zur Erinnerung und zum Dank an Kaiser Wilhelm I. erbaut von der damaligen Kreisverwaltung Adenau. Von diesem Turm aus bietet sich eine einmalige Aussicht von den Ardennen bis zum Westerwald, auf die gesamte nördliche, mittlere und östliche Eifel und bei klarem Wetter sogar hinüber bis zur Kölner Bucht und auf das Siebengebirge.

Der Rundweg - Vom Parkplatz am Waldhotel links die Hauptstraße hoch. Man befindet sich auf einem Hauptwanderweg des Eifelvereins, [Schwarzer Winkel]. Ca. 200 m hinter dem Ortsendeschild Jammelshofen rechts steil hoch ca. 400 m weit bis zur Straße. Diese halb rechts überqueren und dann links über einige Treppenstufen auf einen Fußweg. Auf diesem geradewegs hoch zur Hohen Acht. Im Verlauf des Anstiegs wird der Weg breiter. Immer geradeaus, auf [Schwarzen Winkel] achten. Oben, an einem kleinen Rastplatz angekommen, führt rechts hoch ein kleiner asphaltierter Stichpfad zum Gipfel und zum Kaiser-Wilhelm-Turm. Der Aufstieg auf den Turm wird mit einer einmaligen Rundsicht belohnt. Jetzt geht es hinunter auf einem schmalen asphaltierten Weg. Wenn dieser breiter wird, scharf rechts weiter hinunter bis zum großen P »Hohe Acht« an der Straße. Die Straße halb links überqueren und an der Vier-Wege-Gabelung den Weg links weitergehen. Weiterhin auf den [Schwarzen Winkel] achten! Nach ca. 1 km rechts abbiegen, [Schwarzes Dreieck], dann immer geradeaus, eine Straße überqueren. Durch das Dorf Hochacht auf asphaltierter kleiner Straße und vorbei an einem Ferienhof bis zum Waldrand. Hier, etwa 1 km hinter dem Ferienhof, an einer Wegkreuzung scharf rechts abbiegen, Markierung [8]. Der herrliche Panoramaweg bietet Ausblicke zur Hohen Warte und über das Herschbachtal. An der nächsten Weggabelung nach ca. 1 km links ab-

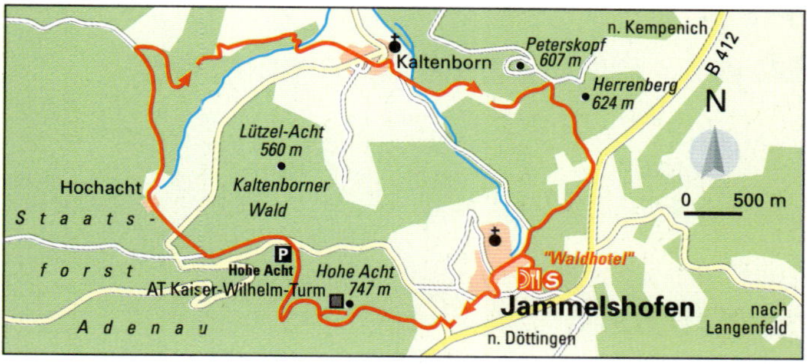

biegen, [7]. Dieser Weg führt bei schönster Aussicht weiter am Waldrand entlang und durch ein kleines Seitental unverfehlbar hinunter nach Kaltenborn. An der Kirche geht es zunächst links hinunter auf der kleinen Straße Richtung Jammelshofen. Nach ca. 200 m links abbiegen, [9]. Der breite Weg führt über den Bach und dann langsam ansteigend geradeaus weiter. Nach 150 m geht es an einer Weggabelung geradeaus - nicht rechts abbiegen **(!)**. Nach weiteren ca. 100 m an einer zweiten Gabelung links halten, weiter auf Weg [9]. Am Ende des einsamen Tales scharf links weiter hoch, [2] und [9], und nach 200 m geradeaus. Oben, an einer Wegekreuzung, stößt der Weg auf den Eifelvereinsweg Nr. 12 mit der Markierung [Schwarzer Winkel]. In diesen Weg scharf rechts einbiegen. Der Weg steigt noch einmal kräftig an zum 620 m hohen Herrenberg und führt dann, zunächst durch Wald und dann am Waldrand entlang, langsam wieder abwärts. Wenn der Weg sich der B 412 nähert, rechts abbiegen und dem [Schwarzen Winkel] folgen. Der Weg führt jetzt durch das schöne Pfaffental unverfehlbar hinunter nach Jammelshofen zur wohlverdienten Einkehr im Waldhotel.

Waldhotel - Das Drei-Sterne-Hotel liegt direkt am Waldrand, am Fuße der Hohen Acht. Eine anheimelnde Atmosphäre umgibt den Gast in den mit Bauernmöbeln eingerichteten Gästezimmern. Die Küche bietet Spezialitäten mit Produkten vom eigenen Hof und aus heimischer Jagd. Auch hausgebeizter Lachs, vegetarische und kleine Gerichte. Attraktive Pauschalangebote (z. B. Schnupperwochenenden, Nordic-Walking-Pauschale). Mittleres Preisniveau. - Kein Ruhetag.

TOUR 22

Mayen - Historischer Stadtrundgang

Anfahrt - Aus nördlicher Richtung A 61 Mönchengladbach - Koblenz bis Ausfahrt Mendig/Maria Laach, dann B 262 bis Mayen. - Aus südlicher Richtung A 48 Trier - Koblenz bis Abfahrt Mayen. - Ab Bahnhof Andernach fährt stündlich eine Regionalbahn nach Mayen. Vom Koblenzer Bahnhof verkehren ebenfalls stündlich Busse der Linie 350.
Parken - Zwei Parkgaragen und weitere Parkplätze in der Innenstadt.

Mayen - Die Stadt kann auf eine sehr ereignisreiche Geschichte zurückblicken: Prähistorische Funde in der Gegend um Mayen lassen auf erste Siedlungen um ca. 3000 v. Chr. schließen. Erstmals urkundlich erwähnt wurde das Städtchen um 850. Im Jahre 1280 ließ Erzbischof Heinrich von Finstingen zum Schutze des Ortes die mächtige Genovevaburg erbauen, und nur wenige Jahre später, 1291, bekam Mayen von König Rudolf von Habsburg die Stadtrechte verliehen. Trotz seiner gewaltigen Befestigungsanlagen wurde das Städtchen 1689 während des Pfälzischen Erbfolgekrieges von französischen Truppen zerstört. In den nachfolgenden Jahrzehnten wurde die Stadt wieder aufgebaut. Nach dem Zusammenbruch des napoleonischen Staates übernahm Preußen nach dem Wiener Kongress 1815 das Rheinland nördlich der Nahe. Der Mairie Mayen wurden Teile der Mairien Virneburg und Mertloch angeschlossen. Im Zweiten Weltkrieg wurde die Stadt erneut beinahe vollständig zerstört und schließlich nach alten Vorbildern abermals aufgebaut. Im Laufe der Geschichte entwickelte sich Mayen zu einem lebendigen und blühenden Städtchen mit heute ca. 20 000 Einwohnern.

Der Rundgang - Ausgangspunkt des Rundgangs durch das Eifelstädtchen Mayen ist das 1) Alte Rathaus, welches knappe 28 Jahre nach seiner Zerstörung durch französische Truppen im Jahre 1689 neu errichtet wurde. Es überdauerte die nahezu vollständige Zerstörung der Stadt im Zweiten Weltkrieg und beherbergt seit der Renovierung 1978-1980 die Tourist-Info. Von hier aus geht es nach rechts in die Hahnenstraße, vorbei am 1953 erbauten Neuen Rathaus, in dem die Polizei und die Stadtverwaltung untergebracht sind und wieder rechts in die Stehbachstraße. Die ehemalige Hospitalkapelle 2) Heilig-Geist-Kapelle, die hier steht, dient seit 1960 als offizielle Totengedenkstätte der Stadt. An ihrer Stelle befand sich im Mittelalter eine 1326 von Lonning nach Mayen verlegte Klosteranlage. Im Chor der Kapelle ist ein handgeschriebenes Buch ausgestellt, welches die Opfer des Nationalsozialismus zwischen 1933 und 1945 zum Thema hat. Gegenüber steht das 3) Alte Arresthaus von 1880. Hier ist das Mayener Kulturforum beheimatet. Weiter durch den Kreuzgang bewegt man sich jetzt auf eines der Wahrzeichen der Stadt, die 4) St.-Clemens-Kirche aus dem 13. Jh., zu. Sie entstand aus dem Nachfolgebau eines hölzernen Kirchenbaus aus dem 6. Jh. und fällt insbesondere durch ihren linken, schiefen und spiralförmig verdrehten Turm auf, der konstruktions- und witterungsbedingt um

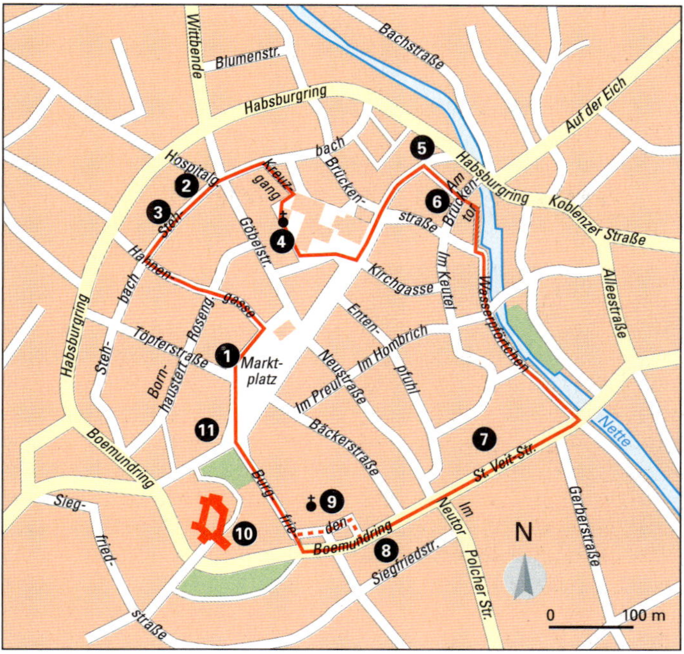

1,70 m aus dem Lot geraten war. Nach der Zerstörung im Zweiten Weltkrieg wurde während umfangreicher Restaurierungsarbeiten auch der schiefe Turm erneuert. Hinter der Kirche führt die Marktstraße entlang. Dieser folgend gelangt man nun zum zur mittelalterlichen Stadtbefestigung gehörenden 5) Mühlenturm linker Hand. Nebenan, nur durch eine kleine Gasse getrennt, steht das 6) Brückentor. Mit seinem Vortor sicherte es den Übergang zur Nette und war über Jahrhunderte hinweg der Stadteingang für Reisende aus Richtung Koblenz. Am Brückentor ist auch der Brunnen der »Mayener Mädchen« zu sehen, der eine Anekdote aus der Stadtgeschichte von 1673 darstellt. Weiter führt der Weg links ab in das Sträßchen mit dem Namen Wasserpförtchen. Diesem folgt man entlang des Nettebaches, vorbei an den Resten der alten Stadtmauer. Auf der linken Seite sieht man nun durch eine Gasse hindurch die 1953 von Domenikus Böhm erbaute evangelische Kirche, rechts steht die alte Steinmetzfachschule. Nun biegt man rechts ab in die St.Veit-Straße und gelangt hier zum 7) Vogelturm, dessen ursprünglicher Zweck die Sicherung des Mühlgraben-Auslasses war, der aber auch zeitweise als Gefängnis diente. Folgt man der Straße, kommt man zur teilweise noch erhaltenen 8) Stadtmauer mit einem begehbaren Wehrgang. Die Stadtmauer wurde, nachdem Mayen 1291 durch Rudolf von Habsburg die Stadtrechte erhalten hatte, auf einer Länge von 2 km mit zahlreichen wehrhaften Halb- und Rundtürmen sowie vier großen Toren um die Stadt herum errichtet. Von der Mauer herab hat man einen beeindruckenden Blick, u.a. auf die 9) Herz-Jesu-Kirche, die 1911/12 in nur einem Jahr Bauzeit errichtet wurde. Bei ihrem Wiederaufbau nach der Zerstörung im Zweiten Weltkrieg wurde dem 43 m hohen Turm ein zweiter hinzugefügt. Der Innenraum wurde im Jahre 2001 völlig neu gestaltet. Entlang des Wehrganges gelangt man zur 10) Genovevaburg. Der Trierer Erzbischof Heinrich von Finstingen ließ diese 1280 zum Schutze und zur Verteidigung seines Territoriums erbauen. Von ihrem 34 m hohen Goloturm hat man einen herrlichen Ausblick über die gesamte Stadt: Im Osten kann man das Schieferbergwerk J. B. Rathscheck sehen und im Norden hat man freie Sicht auf den 583 m hohen »Hochsimmer«. Rechts neben dem 320000 Jahre alten Vulkan liegen die Reste zweier anderer Vulkane, des »Mayener Bellberges« und des »Kottenheimer Büden«. In der Burg selbst befindet sich das Eifelmuseum, und unter der Burg erwarten den Gast die Welten des Deutschen Schieferbergwerkes. Die Burg ist zudem Schauplatz der jährlich von Juni bis August stattfindenden Mayener »Burgfestspiele«, einem Profi-Freilichttheater, welches Mayen einen Platz auf der Liste der zehn Festspielstädte in Deutschland einbrachte. Der Rundgang verläuft nun den Burgberg abwärts in Richtung des Marktplatzes. Unterwegs trifft man auf die 11) Basalt-Lava-Säule, auf der Leben und Arbeiten der Steinhauer dokumentiert sind. Aus dem vulkanischen Basaltgestein werden seit 2000 Jahren Mühlsteine produziert. Mit einem Abstecher zum 1812 geschaffenen Marktbrunnen mit den drei Wasserebenen für Mensch, Groß- und Kleinvieh gelangt man zurück zum Marktplatz.

Genovevaburg in Mayen

Sehenswürdigkeiten rund um Mayen - Auch die Gegend um Mayen bietet viel Sehens- und Erlebenswertes: Direkt hinter dem Mayener Ostbahnhof, im Tagebaugebiet für Basalt- und Lava-Gestein befindet sich beispielsweise das Lapidea-Gelände, ein bizarres Grubenfeld, auf dem internationale Naturstein-Symposien stattfinden. Bei einer Rundwanderung um den Silbersee kann man viel Wissenswertes über die Entstehungsgeschichte der Vulkanischen Eifel erfahren. Diesbezüglich gibt es auch im nördlich der Stadt gelegenen Vulkanpark, rund um den Krater des Laacher-See-Vulkanes, Interessantes zu entdecken: Auf geführten Wanderungen und themenbezogenen Touren kann man Natur- und Kulturdenkmäler bestaunen und lernen, wie ein Vulkan entsteht oder auch wie Menschen sich die Vulkane im Laufe der Jahrtausende zu Nutze machten. Ganz in der Nähe des Parks und direkt am See befindet sich die weithin bekannte Benediktinerabtei Maria Laach. 1093 von Pfalzgraf Heinrich II. von Laach gegründet, zählt sie heute zu den bedeutendsten Bauwerken in der Gegend. Von einem nordwestlich des Städtchens gelegenen Felssporn im Nettetal aus schaut das Schloss Bürresheim ins Land. Im 12. Jahrhundert erbaut, wurde die Anlage - ebenso wie die südlich von Mayen gelegene Burg Eltz - weder jemals erobert oder verwüstet, noch in den Kriegen des 17. und 18. Jh. oder während der Französischen Revolution beschädigt. Seine heutige Gestalt erhielt das Schloss erst ab dem 15. Jh. Zuvor war der Kölner Burg und der Trierer Burg, aus denen sich die Anlage zusammensetzt, nur der Bergfried gemein. Ebenfalls nordwestlich des Städtchens, im idyllischen Nitztal, befindet sich die spätgotische Wallfahrtskirche St. Jost mit ihrem barocken Altar. Im Süden von Mayen lohnt die märchenhafte Architektur der Burg Pyrmont eine Besichtigung.

Wanderwege - Rund um Mayen gibt es unzählige Wanderwege. Die Region ist durch überregionale Wanderwege mit Hocheifel, Rhein und Mosel verbunden, und es werden etliche geführte Touren angeboten:

➡ **Die Vier-Burgen-Tour** - 83 km - 5 Tagesetappen à 14-19 km - Eine ereignisreiche Rundwanderung entlang der schönsten und spannendsten Sehenswürdigkeiten rund um Mayen.

➡ **Von Mayen zur Mosel** - 86 km - 5 Tagesetappen à 15-21 km - Rundwanderung, die von dem bezaubernden Städtchen durch prachtvolle Landschaften vorbei an Sehenswürdigkeiten und durch pittoreske Orte bis hin zur Mosel und zurück verläuft.

➡ **Land und Leute links des Rheins** - 48 km - 3 Tagesetappen à 13-20 km - Der Rundweg führt von Mayen aus durch die bezaubernde Landschaft zu Burgen und Schlössern und zurück.

TOUR
23

Der Traumpfad »Förstersteig« in Mayen

16 km

6 Stdn.

506 m

Charakteristik - Der Traumpfad Förstersteig ist einer von derzeit 11 Traumpfaden im Landkreis Mayen-Koblenz; weitere werden folgen. Überwiegend durch den wunderschönen Mayener Wald, auf teilweise urwüchsigen Pfaden, führt der Rundweg an wunderschöne Aussichtspunkte, wie z. B. den Luisenplatz mit Blick auf die Stadt Mayen und darüber hinaus oder an den Nettetalblick mit einer atemberaubenden Sicht auf Schloss Bürresheim, einer nie zerstörten Trutzburg im Nettetal. Ebenfalls trifft man auf einige wunderschöne Wasserläufe, wie z. B. die Nette als Bach des Jahres 2008. - Als Ausgangspunkt kann man den Parkplatz »Am Leichenweg« zwischen Mayen und dem Stadtteil Kürrenberg, die Tennisplätze in Kürrenberg oder Schloss Bürresheim (Auskünfte über Öffnungszeiten und Führungen unter Tel. 02651/76440) wählen.
Anfahrt - Nach Mayen-Kürrenberg: A 61 Koblenz - Mönchengladbach, Ausfahrt Mendig/Mayen, B 258 Richtung Nürburgring, kurz vor Mayen-Kürrenberg Waldeinfahrt zum P Am Leichenweg rechts. - Zu Schloss Bürresheim: Von Mayen L 83 Richtung Kirchwald, Linksabzweig auf die L 10 nach Bürresheim.
Parken - P Am Leichenweg zwischen Mayen und Kürrenberg. - P an den Tennisplätzen in Kürrenberg. - P Schloss Bürresheim.

Die Traumpfade - Wunderschöne Landschaften mit unzähligen Naturdenkmälern machen das Rhein-Mosel-Eifel-Land zum idealen Wandergebiet. Bis 2010 sollen insgesamt ca. 25 Traumpfade die Region erschließen. Die Halb- und Ganztagestouren führen durch malerische Wälder, Bachtäler und Weinberge, über spektakuläre Steilhänge, zu historischen Ortschaften und verträumten Schlössern und Burgen. Die Traumpfade erfüllen die Qualitätskriterien des Deutschen Wanderinstitutes für Premiumwege und zeichnen sich u. a. durch eine abwechslungsreiche, naturbelassene Wegführung und ein nutzerfreundliches Leitsystem mit klaren Wegmarkierungen, Wegweisern sowie Übersichts- und Standorttafeln aus. Wanderfreundliche Gastronomie- und Hotelbetriebe an den Wegen runden das Angebot ab. Auf der Internetseite www.traumpfade.info kann man sich vorab durch aktuelle Tourenguides informieren. 3D-Flüge über die Traumpfade machen noch mehr Lust aufs Wandern! Weitere Informationen sind erhältlich beim Projektbüro Traumpfade der Rhein-Mosel-Eifel-Touristik, Bahnhofstraße 9, 56068 Koblenz, Tel: 0261/708-419, E-Mail: info@traumpfade.info

Der Rundweg - Das Portal des Traumpfades befindet sich »Am Leichenweg«, zwischen Mayen und dem Stadtteil Kürrenberg, unmittelbar hinter der Kaserne. Vom großzügig angelegten Waldparkplatz mit

Schutzhütte bis zum Portal des Traumpfades läuft man ca. 700 m. Alternativ hierzu besteht die Möglichkeit, an den Tennisplätzen im Stadtteil Kürrenberg zu parken. Von hier aus gelangt man nach ca. 250 m bergab zum Portal des Wanderweges. Wenn man am Portal am Leichenweg in die Wanderung einsteigt, geht man nach der Beschilderung (großzügig in beide Richtungen ausgerichtet am gesamten Verlauf des Traumpfades) über einen naturbelassenen Weg hinab auf einen Forstweg, der talabwärts, entlang des Eiterbaches, bis zu einem Waldsee mit Schutzhütte führt. Hier kann man sich zum ersten Mal ausruhen und die Idylle des Eiterbachsees genießen. Danach hält man sich links und folgt der Beschilderung leicht bergauf über einen Grasweg, der später in einen weiteren Pfad durch einen schönen Buchenwald einmündet. Oben angekommen, sieht man auf der rechten Seite bereits die Schutzhütte am Luisenplatz. Von hier hat man eine herrliche Aussicht auf die Stadt Mayen und bei klarem Wetter bis auf den Hunsrück bzw. Westerwald. Nachdem man diese grandiose Aussicht genossen hat, geht man bergab und orientiert sich nach rechts in einen kleinen Pfad, der zum »Altener Tempelchen« mit einer weiteren Schutzhütte führt. Von hier aus genießt man eine herrliche Sicht in die Vulkanparkstation der St. Johanner Ahl, auf die Mayener Sportstätten, auf St. Johann und auf die Vulkankegel in Ettringen und Kottenheim, wie z. B. den Ettringer Hausberg Hochsimmer und den Beller Berg. Von hier aus geht es zurück bis zur Spitzkehre und man folgt einem Panoramaweg, in dessen Verlauf man wieder einige traumhafte Panoramen bewundern kann. Nicht lange währt das Vergnügen des Bergabwanderns, denn es geht nach kurzer Zeit einen etwas steileren Weg hinauf, von dem aus man später zum Fünfkantenstein mit Schutzhütte und anderen Rastmöglichkeiten gelangt. In diesem Abschnitt genau auf die Beschilderung achten, damit man nicht vom rechten Weg abkommt! Der Fünfkantenstein mit seiner Schutzhütte und einigen Ruhebänken lädt zu einer wohl verdienten Ruhepause ein. Der Beschilderung folgend hält man sich vom Stein aus rechts und gelangt schnell auf einen Hohlweg, von dem man über einen weiteren Waldweg und eine Kuppe abwärts durch den Hochwald geht. Nach ca. 250 m ist man auf einem schönen Waldweg angelangt und weiter geht es bis zur Zuwegung zum Nettetalblick. Von hier aus hat man einen grandiosen Ausblick auf Schloss Bürresheim. Von dort geht man einen steilen Abstieg über einen Serpentinenpfad hinab ins Nettetal, der weitere, aber wieder andere Ausblicke auf Schloss Bürresheim bietet. Auf der Nettebrücke angelangt, geht man an der historischen Hammes Mühle vorbei. Wer Interesse an einer lohnenden Besichtigung (nur mit Führung) von Schloss Bürresheim hat, geht über den Bürgersteig geradeaus weiter. Schloss Bürresheim zählt, wie die Burg Eltz, zur den wenigen rheinischen Burgen, die niemals gewaltsam zerstört wurden. Wer Schloss Bürresheim nicht oder später besuchen will, biegt an der Holzbrücke, direkt hinter der Hammes Mühle ab (hierhin müssen auch die Wanderer zurück, die Schloss Bürresheim besucht haben) und kurze Zeit später geht es nach rechts ab in einen Pfad, der durch das Nitzbachtal führt. In einer Kurve geht man nach links und steil bergan geht es auf einen höher gelegenen Waldweg. Nach 350 m erreicht man einen Taleinschnitt und von da aus geht es nach links bergauf. An einigen Felsvorsprüngen vorbei hat man einen weiteren tollen Blick auf das Nitztal. Von hier aus wandert man rund um den Schafskopf und erreicht einen Serpentinenweg. Dieser verläuft bergauf zu einem Querweg, der weiter nach rechts an den Waldrand führt. Jetzt läuft man durch herrliche Wiesen bis zum Scheidkopf und man staunt über die immer wieder faszinierende Eifellandschaft. Vom Scheidkopf gelangt man bergab zum Waldrand auf den Serpentinenweg, der zum Startpunkt der Wanderung zurück führt. Zur wohlverdienten Einkehr lädt in Mayen-Kürrenberg das Hotel Wasserspiel ein, das vom P Am Leichenweg beschildert und in ca. 15 Min. Fußweg erreichbar ist. Vom P bei den Tennisplätzen sind es ca. 10 Min. zu Fuß.

Hotel Wasserspiel - Das familiengeführte Hotel liegt umgeben von Wiesen und Wäldern und ist ein idealer Ausgangspunkt für Wanderungen. Im gemütlichen Ambiente der verschiedenen Gasträume (auch für Feiern geeignet), auf der Terrasse oder im Garten genießt man die regionalen und internationalen Spezialitäten, rustikale Brotzeiten und hausgemachte Kuchen. Kulinarischer Kalender mit Saisonschwerpunkten. Behagliche Zimmer mit Dusche/Bad, WC und Sat-TV (Tel. und W-LAN verfügbar) laden zu einem erholsamen Aufenthalt ein. Für Kinder gibt es eine Spielwiese mit Rutsche, Schaukel und Klettergerüst. Hunde willkommen. Der Betrieb ist unter der Regionalmarke Eifel und als »Qualitätsgastgeber Wanderbares Deutschland« zertifiziert. - Kein Ruhetag.

Nachtsheim - Münk - Ditscheid - Mimbach - Nachtsheim

TOUR **24**

8 km

2½ Stdn.

Charakteristik - Leicht zu bewerkstelligender Wanderweg über Straßen, geteerte Landwirtschaftswege, Feld-, Wald- und Wiesenwege. Der mit etwa 70 Höhenmetern höchste Anstieg verläuft über ca. 1,2 km vom Mimbachtal bis zur Straße nach Ditscheid hinter Münk. Der Weg erfordert festes Schuhwerk und ist in milden Wintern auch bei Schneefall gut zu bewältigen. Wenn die Brücke nicht passiert werden kann, weiter entlang des Weges und somit auf dem Hinweg wieder zurück nach Nachtsheim gehen.
Anfahrt - Aus Richtung Norden kommend A 61 bis Abfahrt Mendig/Mayen, aus südlicher Richtung A 48 bis Abfahrt Mayen. Von Mayen aus auf der B 258 bis Hirten-Kreuznick, dann links auf die B 410 in Richtung Gerolstein und nach ca. 5 km wieder links auf die K 9 nach Nachtsheim.
Parken - Gäste-P am Gasthaus Tannengrün.

Nachtsheim - Der über 1000-jährige Ort ist ein guter Ausgangspunkt für Wanderungen, Radtouren und Ausflüge. Sehenswert ist das »Kesselchen«, eine kleine Felsgrotte mit Muttergottesstatue, errichtet im Zweiten Weltkrieg und im Jahre 2002 restauriert.

Der Rundweg - Vom P des Gasthauses aus geht man nach rechts auf den Münker Weg. Diesem folgen, bis sich kurz hinter dem Ortsrand der geteerte Landwirtschaftsweg in drei Richtungen gabelt. Hier läuft man geradeaus, rechts an einer Bank vorbei und weiter geradeaus auf den Waldrand zu. Sich rechts haltend kommt man am Kreuz von Nachtsheim vorbei, welches vor dem Wald rechter Hand an zwei Eichenbäumen und einem Schuppen steht. In der langgezogenen Rechtskurve, die nun folgt, biegt man links in den Buchenwald ein. Etwa 400 m bergab, dann hat man das Mimbachtal erreicht. Nun wieder links halten. An der nächsten Feldwegkreuzung geht man rechts auf eine kleine Brücke zu. Diese passieren und nach etwa 50 m dem Wiesenweg nach links in Richtung Münk folgen. Die kreuzende geteerte Straße, die von Nachtsheim nach Münk führt, überqueren und auf der anderen Seite den Feldweg betreten. Nach kurzem Anstieg lässt man Münk rechter Hand hinter sich und gelangt nun zu der Straße, die nach Ditscheid führt. Auf der rechten Seite befindet sich die Schießanlage des örtlichen Schützenvereines. Direkt hinter der Anlage führt der Weg von der Kreisstraße K 5 nach rechts in den Wald hinein. An der übernächsten Kreuzung nach links einbiegen. Auf diesem Weg bleiben, rechts am Wald entlang gehen und dann dem gut ausgebauten Feld-Forstweg folgen, bis man aus dem Wald heraustritt. Dort steht auf der rechten Seite ein kleines Forsthaus und die Stra-

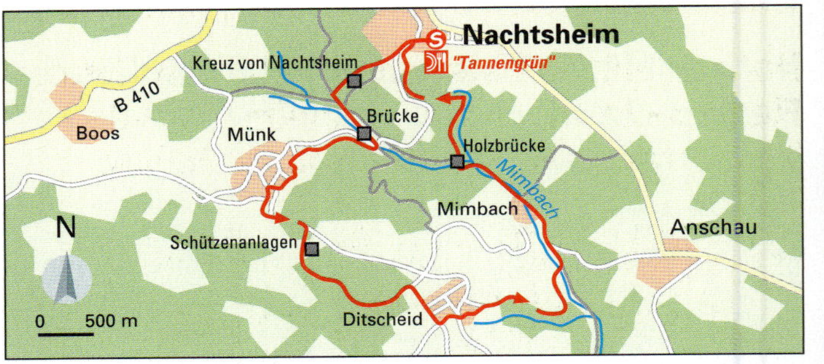

ßen sind wieder geteert. Hier nach links abwärts gehen, nach Ditscheid. Den Ort über die Waldstraße betreten. In der Kirchstraße dann eine kleine Kirche, die der Heiligen Apollonia geweiht ist, passieren und über die Hauptstraße in die Talstraße gehen. Dieser vorbei an der Festhalle folgen, bis man das Tal erreicht. Nun links in Richtung Mimbach halten. Den kleinsten Ort der Verbandsgemeinde Vordereifel an der rechten Seite des Mimbachtales in nördlicher Richtung verlassen. Linker Hand fließt das Flüsschen Mimbach, der Namensgeber des Ortes. Den gut ausgebauten Feldweg entlang bis zur zweiten Biegung gehen und dort rechts in das engere Tal abbiegen. **(!)** Nun hält man sich an den linken Weg des Tales und geht auf schmalen Pfaden vorbei an Tannen und Buchen, bis der Weg wieder etwas breiter wird. Durch einen lauschigen Buchenwald führt der Weg nun weiter bis zu einer kleinen Holzbrücke. Diese überqueren, den kleinen Hang gegenüber erklimmen, bis man einen Wiesenweg erreicht. Diesem nach links folgend, passiert man die Schutzhütte von Nachtsheim und erreicht den Ortsrand. Vorbei an der Gemeindehalle und dem Friedhof geht es zurück zur verdienten Rast ins

Gasthaus Tannengrün - Der Gast wird in solider und gepflegter Atmosphäre empfangen und mit einem gutbürgerlichen Speiseangebot zu vernünftigen Preisen verwöhnt. Bier vom Fass und offene Weine. Die Zimmer sind ruhig gelegen und mit Dusche und TV ausgestattet. Rustikal eingerichtete Gasträume mit gemütlicher »Ritterecke«, die zum Ausruhen einlädt. Aufmerksame und gastliche Wirtsleute. - Gäste-P direkt am Haus - Ruhetag = Mo.

Nohner Mühle - Niederehe - Kerpen (Eifel) - Flesten - Leudersdorf - Üxheim - Ahütte - Wasserfall Dreimühlen - Nohner Mühle

14 km
3¾ Stdn.
100 m

Charakteristik - Eine wunderschöne, abwechslungsreiche Wanderung mit herrlichen Ausblicken auf einem Abschnitt des Eifelkrimi-Wanderweges und teilweise auf dem Eifelsteig. Die Eifelkrimi-Wanderwege führen zu Schauplätzen der Romane von Jacques Berndorf, Ralf Kramp und weiteren Autoren. Außerdem erwarten den Wanderer interessante Sehenswürdigkeiten: ein alter Kalkofen, die Klosterkirche Niederehe, die Burg Kerpen mit dem Grab des Malers Fritz von Wille, eine ehemalige römische Siedlung, ein Kalkwerk und schließlich das Naturdenkmal »Wasserfall Dreimühlen«.
Anfahrt - A 1, am Autobahnende Blankenheim der B 258 in Richtung Nürburgring/Mayen folgend bis nach Ahrdorf, dann in Richtung Hillesheim/Gerolstein bis nach Nohn, hier rechts in Richtung Hillesheim bis zum Parkplatz. - Von der B 421 Stadtkyll - Daun Abzweig nach Kerpen (Eifel), dort rechts nach Niederehe, hinter dem Ort links Richtung Nohn. Oder Abzweig Stroheich/Nohn.
Parken - P Wasserfall Dreimühlen an der Straße Nohn - Stroheich.

Nohner Mühle - Niederehe - Kerpen - 1¼ Stdn. - Vom P Wasserfall ca. 250 m erst geradeaus zum Waldrand, dann links zur Nohner Mühle. Nun auf dem Weg am Bach entlang, bis bald schon rechts Wegweiser stehen. Dem Wegweiser [Niederehe] und Markierung [G] nach links folgen, durch den Tunnel und gleich wieder links auf geteertem Weg, den nächsten Wegweisern [Niederehe], [Eifelsteig] und erstmals [Krimi II] weiter folgend. - Möglichkeit eines kurzen Abstechers zum ehemaligen Kalkofen in Richtung Daun/Oberehe. - Am Fohnhof vorbei bis nach Niederehe, hier die Hauptstraße (Nohner Straße) überqueren und links »Am Auel« weiter mit den Wegweisern [Krimi II], [G] und [Eifelverein] zur Ortsmitte und zur Klosterkirche. Hinweis »Krimi 11«. Zunächst weiter auf der Gartenstraße, dann geradeaus auf der Kerpener Straße und schließlich links 200 m der Straße Richtung Kerpen bis zu einem kleinen Steinbruch rechter Hand folgen. Weiter mit Markierung [21], [Eifelsteig] an einem steinernen Wegkreuz rechts auf einem Pfad hinauf bis nach Kerpen. Hier nun immer dem Wegweiser [Krimi II] folgend, auf dem Irrweg, Fritz-von-Wille-Straße und Adenauer Straße durch den Ort. Am Dorfcafé der Hinweis »Krimi 6: Bildfälscher und Café Rodenstock«.
Burg Kerpen - Die Anlage wurde wahrscheinlich im 12. Jh. erbaut, die Burgkapelle im 16. Jh. Im Dreißigjährigen Krieg und in den Reunionskriegen wurde die Burg zerstört und 1803 an die Gemeinde verkauft. Im 19. Jh. ließ Johann Heinrich Dün das heutige Wohnhaus bau-

en und den Bergfried mit einem neuen Zinnenkranz versehen. Anfang des 20. Jh. erwarb der Eifelmaler Fritz von Wille die Burg, ließ dringende Sicherungs- und Sanierungsarbeiten ausführen und fand nach seinem Tode 1941 auf dem Burggelände seine letzte Ruhestätte. Seit 1969 gehört die Anlage dem Landkreis Neuss, der sie als Landschulheim nutzt. Die Außenanlagen und die Kapelle können besichtigt werden.

➡ Kerpen - Flesten - Leudersdorf - Üxheim - 1 ¼ Stdn. - Von der Adenauer Straße zur Umgehungsstraße, [12] und [Krimi II], am Bushäuschen die Straßenseite wechseln, etwa 300 m der [12] folgen, dann rechts haltend an einem Aussiedlerhof vorbei nach Flesten. Dort links auf den Rochusweg bis zur Ortsmitte, dann rechts zur kleinen Kirche, Wegweiser [Krimi II]. Hinweis »Krimi 7: Festgebunden und ausgeraubt«. An der Kirche vorbei bis zum Anfang der Römerstraße in Nollenbach, hier links mit [Krimi II] nun auf morastigem Feldweg, bald nach links hoch bis an den Waldrand, mit [G] nach rechts an einer ehemaligen römischen Siedlung und Aussichtspunkt mit beeindruckenden Rundblicken vorbei nach Leudersdorf. Über die Straßen »Auf der Hell«, Schützenstraße, Kapellenstraße und Lindenstraße geradeaus nach Üxheim. Über die Kirchstraße bis zur Kirche, Wegweiser [Krimi II]. Hinweis »Krimi 8«.

➡ **Üxheim - Ahütte - Wasserfall Dreimühlen - Nohner Mühle** - ¾ Std. - Von Üxheim rechs an der Kirche vorbei - nicht Wegweiser [Krimi II] **(!)** - über Kirchstraße und Straße Oben im Hähnchen in Richtung Ahütte. An der Kreuzung in Ahütte erst links, dann gleich rechts mit Wegweiser [Wasserfall] und [Nohn], nach etwa 50 m wieder rechts auf [Eifelsteig], Wegweiser [Krimi II], [Fußweg zum Wasserfall] und grüne Tafel des Eifelvereins [Hauptwanderweg 3]. Am Kalkwerk vorbei, zum Naturdenkmal Wasserfall Dreimühlen und dann zur Nohner Mühle und zum P. Hinweis »Krimi 10: Tagsüber Idylle pur. Finsterer Tatort bei Nacht«.

Café Nohner Mühle - Die im oberen Ahbachtal gelegene liebevoll renovierte Mühle wird seit 1996 als Café und Seminarhaus genutzt. Im ehemaligen Stallgebäude lädt das Café zu einem gemütlichen Aufenthalt ein. An kühlen Tagen sorgt ein Kaminofen für wohlige Wärme, im Sommer bietet der natursteingepflasterte Innenhof lauschige Außensitzplätze. Weithin bekannt ist das Café für seine hausgemachten Kuchen und die köstlichen frischen Waffeln; man kann sich jedoch auch mit herzhaften Brotzeiten stärken. - ÖZ: Tel. zu erfragen unter Tel. 02696/1314. Winterpause von November bis April.

TOUR 26

Loogh - Niederehe - Dreimühlener Wasserfall - Kerpen - Loogh

12 km

3¼ Stdn.

200 m

Charakteristik - Ein sehr schöner und abwechslungsreicher Weg durch naturbelassene Täler, entlang blühender Wiesen und plätschernder Bäche, mit herrlichen Ausblicken auf die Eifellandschaft.
Anfahrt - A 1/A 48 Koblenz - Trier, am Dreieck Vulkaneifel über Rengen und Dreis auf die B 421 Richtung Hillesheim, bei Walsdorf rechts Richtung Kerpen (Eifel), dort nach Loogh. - A 1 bis Autobahnende Blankenheim, B 258 über Ahrhütte weiter bis Ahrdorf, dann über Ahütte und Niederehe nach Loogh.
Parken - Gäste-P »Gröner Hof«.

Der Rundweg - Vom Gröner Hof durch den Ort, nach 500 m rechts, 100 m über Teerstraße bis zum Wald. Dort links auf Wiesenweg mit Wacholder und Orchideen entlang am NSG Hönselberg mit schöner Aussicht ins Tal. Nach 1½ km erreicht man Niederehe. Auf der Stroheicher Straße links durch den Ort, dann rechts, an der Kreuzung der K 59 dem Wegweiser [Wasserfall] folgen. Hier beginnt der Premium-Wanderweg »Eifelsteig« und ein Teilstück des Kalkeifelradweges. - In Niederehe ist besonders die barocke ehemalige Klosterkirche (heute Pfarrkirche) sehenswert, deren älteste Teile aus dem 12. Jh. stammen. In der Kirche befinden sich ein Chorgestühl aus dem Jahre 1530, wertvolle Bildwerke aus dem 17. Jh. sowie das Hochgrab von Philipp von der Mark und seiner Gattin Katharina. Auf der Empore steht eine Kirchenorgel des berühmten Orgelbaumeisters Balthasar König aus dem Jahre 1715. - Vom Schild »Mineralroute« sind es 600 m zur Nohner Mühle (siehe S. 94) und 900 m bis zum Dreimühlener Wasserfall. Stündlich entstehen an den

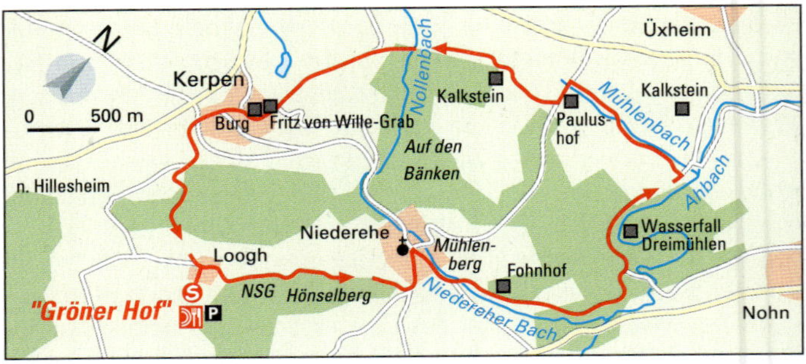

Moospolstern des Wasserfalls etwa 500 g ausgefälltes Karbonat, das entspricht einer Jahresmenge von 4½ Tonnen. So wächst der Block aus Kalksinter jährlich um 10 Zentimeter Richtung Ahbach. - Nach 500 m links über die alte Eisenbahnbrücke, entlang an Wiesen (rechter Hand steht das Betriebsgebäude des Kalkwerkes) bis zur Kreisstraße 74, diese überqueren, dann links, etwa 200 m nach rechts, nach 500 m erblickt man einen weiteren Steinbruch. Danach den Nollenbach überqueren und vorbei am Höhen-Berg nach Kerpen (Eifel). Auf der Fritz-von-Wille-Straße und der Bahnhofstraße durch den Ort, entlang der Loogher Straße bis zum Sportplatz, dann rechts, nach 300 m links absteigend durch den Wald nach Loogh. Auf bekanntem Weg zurück zum

Gröner Hof - Hofladen & Restaurant - Der ruhig am Ortsrand gelegene Hof besitzt einen gemütlichen Gastraum mit Empore, dekoriert mit alten landwirtschaftlichen Geräten, von dem man bei der Käsezubereitung zusehen kann und eine sonnige Terrasse. Das Restaurant ist ideal geeignet für Familien- und Betriebsfeiern sowie Vereinsausflüge und bietet Hofführungen an. Am Wochenende gibt es Frühstück, ansonsten warme und kalte Gerichte, zubereitet aus eigenen Fleisch- und Käseprodukten, Kuchen, Milchshakes und eine vielseitige Wein- und Getränkekarte. Der Hofladen bietet eine große Auswahl der selbst erzeugten Artikel, aber auch Erzeugnisse anderer Landwirte und Winzer der Region. Auf dem Hof leben auch »Exoten« wie Kängurus und Bisons! - ÖZ Restaurant: Di.-Fr. 11-22 Uhr, Sa. und So. 9-22 Uhr (ab 9 Uhr Frühstück). Ruhetag = Mo. - ÖZ Hofladen: Mo., Mi., Fr. 10-17 Uhr, Sa. 10-12.30 Uhr.

Blankenheim - Sehenswürdigkeiten und Wanderwege

Anfahrt - Von Köln auf der A 1 bis Ausfahrt Blankenheim, dann weiter auf der B 51 nach Blankenheim. - Von Aachen auf der B 258 in Richtung Koblenz. - Von Trier B 51 in Richtung Köln. - Bahn- und Busanreise siehe S. 99. - **Parken** - P am Rathaus.

Blankenheim - Das Ortsbild von Blankenheim ist auffallend durch die wuchtige, um 1115 von Gerhard I. errichtete Burg geprägt, die bis 1794 Sitz der Grafen von Blankenheim war. Heute befindet sich in dem im letzten Jahrhundert wiederhergestellten Bau eine Jugendherberge. Im historischen Ortskern des 721 erstmals urkundlich erwähnten Städtchens mit den kleinen verträumten Gassen und romantischen Winkeln finden sich zahlreiche beachtenswerte Fachwerkhäuser aus verschiedenen Jahrhunderten. Unweit der lebensgroßen Sandsteinstatue des Heiligen Nepomuk I. birgt eines dieser Häuser, welches 1726 erbaut wurde, in seinem Kellergewölbe die gefasste Quelle der Ahr. Oberhalb der Quelle befinden sich das Hirtentor mit einem spätgotischen Stein von 1512 und das Eifelhaus. Sehenswert ist auch die Kirche St. Mariä Himmelfahrt (1495-1505), eine als Hallenkirche im spätgotischen Stil erbaute katholische Pfarrkirche, in deren Hallen u. a. geschnitzte Altäre, eine Muttergottesstatue mit Strahlenkranz und eine Reliquiensammlung zu sehen sind. In einer Nische des wie das Hirtentor zur teilweise erhaltenen Stadtmauer gehörenden Georgstores von 1679 steht eine Holzfigur des St. Georg. Doch nicht nur historisch interessante Eindrücke kann man in Blankenheim sammeln: Zahlreiche Wanderwege führen durch den Ort und seine nähere Umgebung. Zu den überregionalen zählen neben dem Eifelsteig auch der Jakobspilgerweg von Köln nach Trier so-

Blick auf Blankenheim mit seiner Burg

wie der Jugendherbergsverbindungsweg. Auf 400 Kilometern Strecke verteilen sich die regionalen markierten Wanderwege über Wiesen, durch Wälder und an Sümpfen und Kalktriften vorbei. Der Tiergartentunnel-Wanderweg, der Eifeler Quellenpfad und der Ahrtalweg sind hier wohl die bekanntesten, doch es gibt neben Themenwanderungen auch noch weitere unzählige Wanderungen zu entdecken und genießen.

Weitere Wandervorschläge

➡ Tiergartentunnelwanderweg - 19 ½ km - Ausgangspunkt: Bahnhof Blankenheim-Wald - Neben Hügelgräbern, Schanzen und Römerstraßen führt der Weg durch die Natur der nördlichen Eifel und ermöglicht interessante Einblicke in die mittelalterliche Wasserversorgung der Burg Blankenheim (siehe S. 99).

➡ Eifeler Quellenpfad - 68 km - 3 Tagesetappen à 22-23 km - Höhenunterschiede von bis zu 200 m - Wunderschöne Wanderung durch das Obere Kylltal zu den Quellen von Ahr und Urft und zur Römerquelle, die atemberaubende Aus- und Weitblicke über die Natur und Kultur der Eifel offenbart.

➡ Ahrtalweg - 81 km - 5 Tagesetappen à 15-18 km - Höhenunterschied insgesamt über ca. 414 m - Markierung [Schwarzes A auf weißem Spiegel] - Die Wanderung führt von der Quelle der Ahr bis zu ihrer Mündung in den Rhein quer durch das landschaftlich reizvolle Ahrtal, teilweise an den Ufern des Flusses entlang.

TOUR
28

Blankenheim - Der Tiergartentunnel-Wanderweg

Charakteristik - Ein sehr schöner und abwechslungsreicher Wanderweg mit herrlicher Landschaft, einem in Europa einmaligen technikgeschichtlichen Denkmal und vielen außergewöhnlichen Einblicken in Natur, Landschaft, Geschichte und Archäologie an 18 Standorten mit Informationstafeln. Auf bequemen, gut markierten Wegen geht es mit wenigen Anstiegen teils durch Wald, teils über Freiflächen mit weiten Rundblicken. Die Wanderung kann auch auf 10 km (Gehzeit 2½ Stdn.) verkürzt werden.
Anfahrt - A 1 aus Richtung Köln. - B 51 von Bad Münstereifel bzw. Prüm. - B 258 aus Richtung Monschau bzw. Adenau. - Bahnhof Blankenheim-Wald an der Bahnlinie Köln - Trier, von dort mit dem Anruf-Linientaxi nach Blankenheim (30 Min. vor gewünschter Abfahrt bestellen unter Tel. 01804/151515).
Parken - Gäste-P Hotel Kölner Hof in der Ahrstraße. Mehrere öffentliche P in Blankenheim.

19 km
5 Stdn.
200 m

Blankenheim - Im Herzen der Eifel und des Deutsch-Belgischen Naturparks Hohes Venn - Eifel liegt das malerische Burgstädtchen Blankenheim mit weiteren 16 Ortsteilen. Auf einer riesigen Fläche von ca. 150 km² leben rund 9000 Menschen.
Der Rundweg - Vom Gästeparkplatz des Hotels Kölner Hof am Georgstor nach rechts, nach 300 m links in die Johannesstraße zur Statue des hl. Nepomuk. Links liegt die Ahrquelle. Der Fluss entspringt im Keller eines alten Fachwerkhauses und mündet nach fast 80 km in Sinzig in den Rhein. Die Treppenstufen führen hinauf zum Zuckerberg. Besonders sehenswert ist die zwischen 1495 und 1505 errichtete, spätgotische Pfarrkirche Mariä Himmelfahrt. Das Gotteshaus birgt noch heute sakrale Kostbarkeiten, so den Hochaltar und die beiden Seitenaltäre, eine Muttergottes im Strahlenkranz und eine Reliquiensammlung mit einer Büste des hl. Georg. Über ca. 30 Treppenstufen geht es hinauf zur Burg Blankenheim. Der wuchtige Bau, heute Jugendherberge und Veranstaltungsort, beherrscht das Bild von Blankenheim. Nach Funden zu urteilen stand an gleicher Stelle ein römisches Kastell, 1115 erbaute Gerhard I. die Burg oberhalb der Ahrquelle. Graf Gerhard VIII. (1438-1460) ließ die Burg abreißen und neu errichten. Von der Burg nach links gehen, dort steht das Wasserhäuschen, ein kellerartiges Bauwerk und Beginn des Tiergartentunnels, Herzstück der Wasserleitung zur Burg. Da Tunnelbau im Mittelalter eine eher seltene Bautechnik war, ist der Blankenheimer Tunnel mit seinen fünf Bauschächten ein technikgeschichtlich bedeutendes Bauwerk. Durch den Tiergarten, nach 500 m die K 69

kreuzen in Richtung Waldfriedhof. Nach weiteren 300 m erreicht man die Brunnenstube »Alte Quelle«, Quellfassung für die Wasserleitung zur Burg. Nach 500 m kommt man zum Stauteich »In der Rhenn«, von dessen Damm noch Reste erhalten sind. Weiter bis zur Römerstraße, auf dieser links. Nach ca. 1 km links, teilweise durch Wald 1 km bis zur Freifläche gehen. - Die Abkürzung verläuft hier geradeaus über die mit [14] und [13] markierten Wanderwege zur Römerstraße im Olbrücker Forst. - Der große Rundweg führt hier nach rechts bis zur Schutzhütte, dann links durch den Stahlbuschseifen in das NSG Haubachtal, das seltene Orchideenarten sowie Tagfalter, Amphibien und Vögel beheimatet. Man folgt dem Verlauf des Haubaches ca. 800 m und erreicht das Urfttal. Hier links in Richtung Bahnhof Blankenheim-Wald. Nach ca. 2 km die B 258 kreuzen, wieder nach links, dann rechts 200 m zum Bahnhof Blankenheim-Wald. Weiter der Markierung folgen und nach 1800 m links abbiegen zum Zehnbachhaus und KD »Motte«, ein künstlich aufgeschütteter Burghügel, der noch ca. 2,50 m höher als das Bachgelände ist. Vermutlich wurde dieser frühe Befestigungstyp nach französischem Vorbild im 12. Jh. gebaut. Die Markierung führt ca. 2400 m weiter bis zu den Windrädern, hier nach links, nach weiteren 150 m erneut links. Dann rechts, nach 900 m rechts durch die Unterführung der B 51 zur Römerstraße im Olbrücker Forst, die einst von Köln nach Trier führte und als Damm noch deutlich sichtbar ist. Durch den Olbrücker Forst 900 m bis zur Hubertusbuche, dort rechts. Nach 600 m kreuzt man die K 69 in Richtung Nonnenbach und weiter zum weithin sichtbaren ND Hängebuche

auf dem Hügelgrab. Die Hängebuche ist eine Mutation der Rotbuche, die nach ihrer Entdeckung im Süntel (Mittelgebirge südwestlich von Hannover) auch Süntelbuche genannt wird. Vermutlich wurde der Baum vor rund 200 Jahren auf das Hügelgrab gepflanzt. Nach 600 m geht es rechts zum KD Geschützstand, zwei »Batteries des Autrichiens en l'année 1794«, eine Verteidigungslinie mit österreichischen Geschützstellungen gegen die vorrückenden Truppen Napoleons. Nach einem weiteren Kilometer gelangt man zum KD »Hügelgrab Russenkreuz«, einem 1 m hohen Grabhügel mit Kreuz. An der Wegespinne von fünf Wegen links abbiegen in Richtung Blankenheim. Nach knapp 5 km mündet die Wanderung in den Nonnenbacher Weg. Links die Treppenstufen hinauf durch den Wald zur Lühbergstraße, hinunter zur Ahrstraße und links zum

Hotel Kölner Hof - Hier wird seit 100 Jahren Eifeler Gastlichkeit gepflegt. Im schmucken Fachwerkhaus stehen komfortable Gästezimmer und stilvolle Gasträume (auch für Feiern und Tagungen) sowie Fitnessraum, Sauna und Solarium zur Verfügung. Die viel gelobte Küche bietet Spezialitäten der Saison und Region. Ausgeschenkt werden u. a. Weine von Ahr und Mosel. Pauschal- und Gruppenangebote. - Ruhetag = Mi.

TOUR 29

Rund um den Kronenburger See

5 km

1½ Stdn.

Charakteristik - Ein wunderschöner Rundweg um den See, eingebettet in eine herrliche hügelige Landschaft. Auf keinen Fall versäumen sollte man einen Rundgang durch Kronenburg mit seinen historischen Baudenkmälern.
Anfahrt - Von Köln A 1 bis Autobahnende, dann B 51 Richtung Trier bis Abfahrt Kronenburg, B 421 nach Kronenburg. - Von Trier B 51 bis Abfahrt Kronenburg, B 421 bis Kronenburg. - Bahnhof Dahlem (Eifel) an der Bahnlinie Köln - Trier. Vom Bahnhofsvorplatz (100 m) weiter mit dem ALT 834 (Anruf-Linien-Taxi, unter Tel. 01804/151515 30 Min. vor Abfahrt anmelden) nach Kronenburg.
Parken - P am Hotel Anno 1826 - Das Gasthaus an der Kyll.

Kronenburg - Ein Besuch des mittelalterlichen Burgstädtchens gehört zu den Höhepunkten einer Eifelreise. Bereits 1277 wurde der Ort urkundlich erwähnt. Er besteht aus dem Hauptort Kronenburg und dem im Tal gelegenen Ortsteil Kronenburgerhütte, der seinen Namen einer bis 1850 betriebenen Eisenhütte mit Hammerwerk verdankt. Besonders sehenswert sind hier die im Jahre 1734 erbaute Brigida-Kapelle sowie daneben die alte Kyllbrücke. Etwa 100 m über dem Kylltal auf 560 m Höhe thront dann das Eifelkleinod Kronenburg. Betritt man den Burgort durch das Nordtor (für Autos gesperrt, davor P), dem ursprünglich einzigen Zugang, so fühlt man sich ins Mittelalter versetzt. Hier findet sich noch ein geschlossenes Ortsbild mit gepflasterten Gassen sowie gut erhaltenen und liebevoll restaurierten Häusern (teilweise Fachwerk). Einzigartig ist die zwischen 1492 und 1508 erbaute Pfarrkirche St. Johann Baptist. Es handelt sich hierbei um eine spätgotische Einstützen-Hallenkirche, bei der ein einziger Pfeiler in der Mitte das Gewölbe trägt. Auffällig sind auch die Wappen (Johanniterkreuze) und die Gewölbeschlusssteine sowie das Fresko der »Klugen und törichten Jungfrauen« am Rundbogen. Bemerkenswert beim weiteren Rundgang sind die Zehntscheune und das Burghaus (1766) mit Vorplatz. Am Mitteltor geht es über die Treppen aufwärts zur Burgruine mit herrlich weitem Blick auf die umliegenden Ortschaften, den See und die urige Kylllandschaft. Über die Treppen abwärts gelangt man zur Wilhelm-Tell-Gasse - in den 1920er Jahren war der Burgbereich Freilichtbühne für Schillers Drama »Wilhelm Tell« - und weiter rechts abwärts durch die Burgstraße zurück zum Ausgangspunkt. Kronenburg versteht sich als Künstlerdorf, in den 1930er Jahren wurde die bedeutende Malerakademie Kronenburg gegründet. Als einziger Absolvent wirkte der Maler Rolf Dettmann weiterhin in Kronenburg, dessen Nachlass in seinem Atelier ausgestellt ist. Ganzjährig finden zahlreiche Veranstaltungen (Ausstellungen, Konzerte, Lesungen) statt. Der Burgort bildet die stimmungsvolle Kulisse für den traditionellen Floh- und Trödelmarkt am zweiten Juli-Wochenende und den Weihnachtsmarkt am ersten Adventswochenende. Überregional bekannt sind die Kronenburger Kunst- und Kulturtage mit Lesungen, Konzerten, Kunstausstellungen und Kunsthandwerk, die alljährlich am zweiten September-Wochenende stattfinden.

Luftbild von Kronenburg mit Kronenburger See

Kronenburger See - Der ursprünglich als Hochwasserschutz vor dem Frühjahrshochwasser der Kyll konzipierte Stausee (Größe 27 ha, Länge Hauptstau 1100 m, Höhe Staumauer 18 m) wurde wegen seiner einmalig schönen Lage schon bald als Bade- und Freizeitgewässer ausgebaut und erfreut sich großer Beliebtheit bei Anglern, Surfern und Ruderern. Am südlichen Ufer gibt es eine große Freizeitanlage mit Bungalowpark, Strandbad, Segel- und Surfschule, Bootsverleih, Tennisplätzen, Minigolfanlage, Bocciabahn, Grillhütten, Trimm-dich-Pfad, Kinderspielplätzen, Kiosk und Cafeteria.

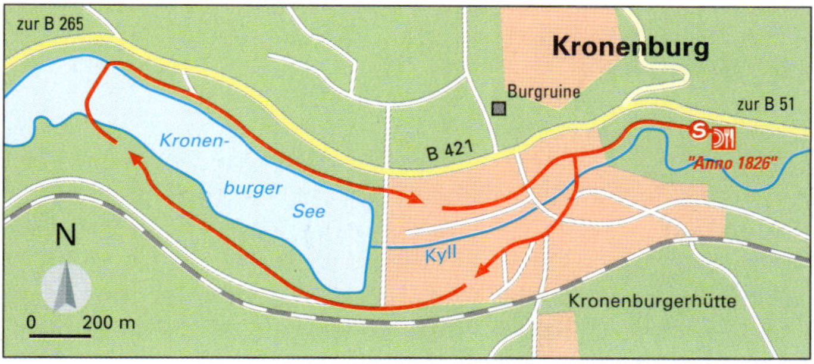

Anno 1826 - Das Gasthaus an der Kyll - Im historischen Gebäude von 1826 am Ortsrand direkt an der Oberen Kyll gelegen, mit freundlichen Gästezimmern. Die gemütlichen Gasträume mit separatem Raucherbereich, Gartenterrasse und Wintergarten bieten einen schönen Blick auf das Kylltal. In wohltuender, gepflegter Atmosphäre genießt man die vielseitige Küche - von deftigen Eifeler Spezialitäten bis zu leichten Gerichten -, die bevorzugt frische Produkten von lokalen Lieferanten verarbeitet. Ausgeschenkt werden offene Weine von ausgesuchten Winzern aus Deutschland, spritzige Biere vom Fass sowie feine Spirituosen aus der Umgebung. - Ruhetag = Mo. (von November bis April zusätzlich Di.).

Der Rundweg - Vom »Gasthaus an der Kyll« links auf dem Bürgersteig bis zur Bushaltestelle, Treppe hinunter, dann Mühlenweg bis über die Brücke (Brigida-Kapelle). An der Gabelung rechts (In der Hüll), an der Kreuzung geradeaus Seeuferstraße Richtung See und weiter vorbei an Minigolfanlage, Spielplatz und Damm. Geradeaus weiter auf gemütlichem Teerweg (unterer Weg) am See entlang, eingebettet in eine herrliche Landschaft. An der Seebrücke rechts hinüber und wieder rechts auf einen Pfad. Auf gut markiertem Weg bis zur Staumauer, rechts hinab an der Kyll entlang bis zur Straße, links Auf dem Plan, rechts zurück zum »Gasthaus an der Kyll«.

Anschlussweg zur Burg - hin und zurück knappe ½ Std. - Vom »Gasthaus an der Kyll« 100 m links auf dem Bürgersteig, rechts der Burgstraße folgen bis zur Wilhelm-Tell-Gasse, weiter auf Fußweg zum Burgbering.

Die Schneifel

Anfahrt - A 1 und A 60 in Richtung Bitburg/Lüttich (Liége), Ausfahrt Großlangenfeld/Bleialf, weiter auf L 1 bis Bleialf. - Es gibt Busverbindungen von den Bahnhöfen Gerolstein, Bitburg-Erdorf und Prüm (mehrmals täglich).
Parken - Die meisten der Gasthöfe und Hotels verfügen über P für Gäste. - Vor der Benutzung sollte allerdings Rücksprache gehalten werden. Des Weiteren befinden sich an den vom Eifelverein und von der Tourist-Info Prüm angelegten Wanderwegen in der Region zahlreiche Wanderparkplätze.

Die Schneifel - Die Schneifel ist der spärlich besiedelte zentrale Gebirgszug in der Schnee-Eifel, die zum Deutsch-Belgischen Naturpark Hohes Venn - Eifel gehört. Der Begriff Schneifel leitet sich nicht, wie irrtümlicherweise oft angenommen, aus den Begriffen Schnee und Eifel ab, sondern war im früheren Sprachgebrauch der Region das Wort für »Schneise«. Genau dies beschreibt er auch: Die Schneise, die über den 15 km langen und im Durchschnitt nur 2 km breiten Höhenzug in den westlichen Hochlagen der Eifel von Brandscheid bei Prüm bis Ormont verläuft. Zur Zeit der Preußen wurde das Wort schließlich »eingedeutscht« und verwandelte sich in »Schnee-Eifel«. Häufig wird der Begriff Schneifel zur Umschreibung der gesamten Schnee-Eifel verwendet, jedoch sind die Gebiete nicht deckungsgleich: Als Schneifel wird lediglich der Höhenzug in der Schnee-Eifel bezeichnet, und diese umfasst einen wesentlich weiteren Landschaftsraum. Im Norden grenzt sie an die Nordeifel, im Osten an die Hocheifel und südlich verläuft sie bis nach Pronsfeld in der Südeifel.
Die Schneifel bildet als Rumpfgebirge die natürliche Grenze zu Belgien. Die höchste Erhebung, der »Schwarze Mann« mit 698 m, ist gleichzeitig auch der dritthöchste Berg der Eifel. In der Mitte der dreißiger Jahre plante man den Bau des Westwalles auf dem Höhenzug und errichtete von

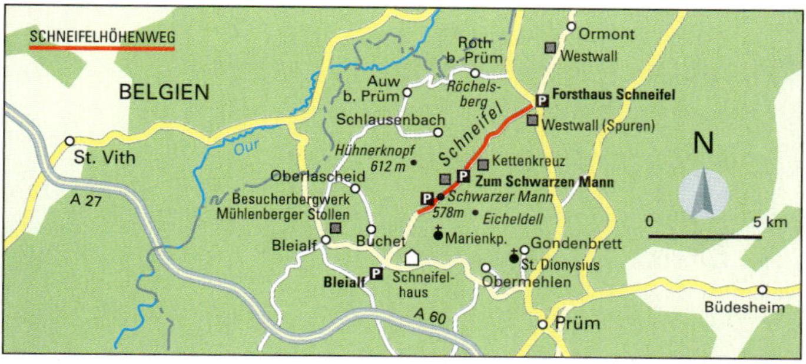

1938 bis 1940 etwa 170 Bunker, welche die Schneifel noch heute entlang ihrer gesamten Länge als Bunkerruinen bedecken.
Landschaftlich reizvoll und sehr eigen stellt sich der Gebirgszug dar. In der ursprünglichen Landschaft findet man Höhen und Täler, dichte Wälder, karge Gebirgswiesen und versteckte Hochmoore und Bachläufe. Aufgrund der spärlichen Besiedlung trifft man hier nicht nur auf sehr seltene Pflanzenarten, sondern oft auch auf rar gewordene Tiere wie Wildkatzen und Fledermäuse. Weit entfernt vom üblichen Trubel der Touristenregionen kann man auf zahlreichen hervorragend markierten Wanderwegen die Abgeschiedenheit der Natur in ihrer ursprünglichen Art entdecken und genießen.

Wandervorschläge

Der Westwallweg - ca. 6 km - Der Weg ist bedingt barrierefrei. - Die Wanderung führt entlang der ehemaligen Westwall-Linie. Die Ruinen der Bunkeranlagen, die nach dem Zweiten Weltkrieg gesprengt wurden, haben sich über die Jahre zu wichtigen Biotopen für seltene Pflanzen- und Tierarten entwickelt. Eine Wanderung durch die Geschichte, die zum Staunen und Nachdenken anregt. - Ausführliche Beschreibung auf S. 108-110.

Bergbaupfad Bleialf - Prümer Land - ca. 9 km - Startpunkt ist das Besucherbergwerk Bleialf. - Ein Rundweg, der dem Wanderer Einblicke in die Geschichte des Bergbaus in Bleialf und Umgebung vermittelt. Vom Startpunkt aus erwandert man die vielen Stationen des örtlichen Bergwerkes wie »Aufbereitung« und »Tiefbau-Schacht« und erfährt dort auf Infotafeln Wissenswertes zum Thema Bergbau. Nach der letzten Station geht es an der Pfarrkirche St. Marien in Bleialf vorbei zurück zum Ausgangspunkt. - Ausführliche Beschreibung auf S. 106/107.

Rundweg Gondenbrett - Schwarzer Mann - Gondenbrett - 19,3 km - 6 Stdn. - Höhenunterschied 244 m - Ein Rundweg, der Kondition erfordert, die Anstrengungen aber mit unberührter Natur und wunderbaren Ausblicken entlohnt. Von der Gondenbretter Kirche aus geht es durch bezaubernde kleine Ortschaften und stillen Wald, über Bäche und freies Feld den Rücken des Ellscheids hinauf und weiter an Bunkerruinen vorbei bis zum Gipfel des Schwarzen Mannes. Zurück führt der Weg vorbei am sagenumwobenen Kettenkreuz durch herrlichen Buchenwald mit Blicken über Wiesen und Felder wieder in den Ort.

TOUR
30

Besucherstollen Hamburg/Bleialf - Niederlascheid - Richelsberg - Bleialf - Besucherstollen Hamburg

12 km

3½ Stdn.

Charakteristik - Facettenreicher Rundweg zum alten Eifeler Bergbaugebiet. 11 Stationen geben dem interessierten Wanderer Einblicke in die Bergbaugeschichte der Region. Außerdem genießt man begeisternde Ausblicke in die Schneifellandschaft mit dem Sendemast am Schwarzen Mann (698 m) als Blickfang.
Anfahrt - A 60 Kreuz Wittlich - Malmédy/Belgien, Ausfahrt Bleialf, L 1 nach Bleialf. - Von Köln A 1 bis Autobahnende Blankenheim, B 51 bis Prüm, dann A 60. - Von Belgien A 27, Grenze Steinebrück, A 60. - Aus Trier B 51 bis Bitburg, A 60. - Busverbindungen von den Bahnhöfen Gerolstein, Bitburg-Erdorf und Prüm.
Parken - P am Besucherstollen im Ortsteil Hamburg.

Bleialf - Die erste urkundliche Erwähnung erfolgte 893 im Prümer Urbar (Güterverzeichnis der Reichsabtei Prüm). Eine Blütezeit erlebte der Ort durch den Bergbau im 19. Jh. Sehenswert ist die Pfarrkirche St. Marien mit seltenen Deckenfresken aus dem 15. Jh. und einem schönen Schnitzaltar. Auch eine Besichtigung des Besucherbergwerks Mühlenberger Stollen unter fachkundiger Führung durch Mitglieder des Bergmannsvereins St. Barbara Bleialf sollte man sich nicht entgehen lassen.
Der Rundweg - Auf der Teerstraße dem Üchenbach aufwärts folgen, [Blauer Kreis mit blauem Pfeil, Schwarze 5 im weißen Quadrat]. Die Teerstraße wird zum Feldweg. Nach ca. 100 m mit der [5] und [Prümer Land Route 4] rechts in das herrliche Üchenbachtal abbiegen. Der wunderbar erholsame Wiesenweg führt an Waldrainen entlang. Nach dem Ende eines kleinen Waldes wird eine Schutzhütte sichtbar. Hier auf jeden Fall links **(!)** halten. Die groß an den Bäumen aufgemalten Markierungen [Prümer Land Route 4] und [Weißes Rechteck mit orangefarbenen Ecken] führen recht abenteuerlich stark ansteigend und fast weglos **(!)** den Berg hinauf (bei schlechter Sicht und feuchtem Untergrund nach starkem Regen ist Vorsicht geboten!). Bald darauf trifft der Weg auf den Hauptwanderweg 6 des Eifelvereins, den Matthiasweg, [Schwarzes Dreieck], dem man nach links folgt. Bei einem Hinweisschild »Vorsicht Schranke« rechts steil bergab, [Prümer Land Route 4], in das Alfbachtal. - Hier besteht die Möglichkeit, mit dem Wegweiser [Mühlbergstollen] direkt zum Ausgangspunkt zurückzukehren. - Hinter der Alfbachbrücke rechts in die Bergwerkstraße einbiegen. Nach dem Sportplatz in den zweiten Weg rechts aufwärts einbiegen, [Naturlehrpfad, 3, Prümer Land Route 4]. Immer geradeaus ohne abzubiegen bis auf die Höhe von Niederlascheid. Der K 104 ca. 300 m nach links folgen, [Prümer Land Rou-

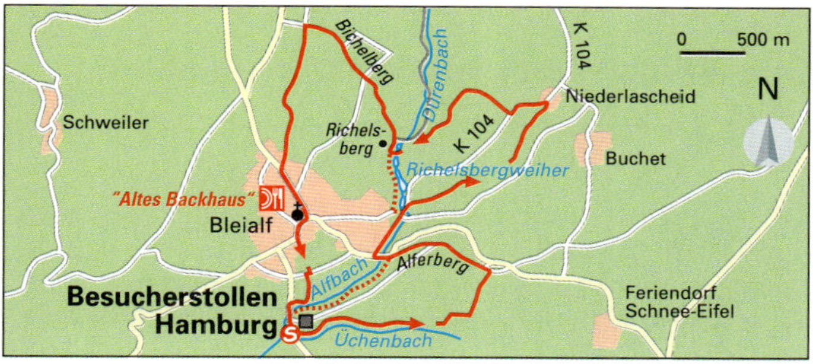

te 4]. Ein steiles Teersträßchen führt rechts zum Waldrand. Immer am Waldrand entlang. Die nun bekannte Markierung leitet rechts den Wald hinunter. Unvermutet **(!)** geht es, der Markierung rechts folgend, fast weglos quer durch den Wald zu den Richelsbergweihern. Eine Brücke überquert den Dürenbach - Links leitet der Weg mit [8] direkt zurück zum Ausgangspunkt. - Rechts mit der bekannten Markierung führt der Weg mit grandiosen Ausblicken über das Gehöft Rheinsberg den steilen Hang hinauf. Fast an der höchsten Stelle (540 m) biegt der Weg nach links ab und führt auf einem herrlichen Hangweg nach Bleialf zurück. Bei der ED-Tankstelle links halten und der Ortskern mit der Pfarrkirche St. Marien ist erreicht. Gegenüber der Pfarrkirche liegt das »Alte Backhaus«. (siehe unten). Aus dem Restaurant nach links zum Straßenende. Dort nach rechts am Marktplatz vorbei in die Bahnhofstraße. Die bekannte Markierung führt am Parkplatz der Tourist-Info vorbei weiter zu den Schulen. Am Jugendzeltlager vorbei ist der Parkplatz am Besucherbergwerk Hamburg schnell erreicht.

Restaurant »Altes Backhaus« - Der traditionsreiche Familienbetrieb befindet sich im historischen Backhaus und verfügt über gemütliche Gasträume (auch für Feiern geeignet) und einen lauschigen Biergarten. Hier kocht der Chef - von gutbürgerlicher Küche bis hin zu gehobenen Leckerbissen sowie hausgemachter Pizza. Im Haus sind außerdem Museumsstücke des Bergmannsvereins »St. Barbara Bleialf« ausgestellt. Der hauseigene Minigolfplatz sorgt für Spaß bei Jung und Alt. - Ruhetag = Do.

TOUR
31

Der Westwallweg am Schwarzen Mann

8½ km

3 Stdn.

Charakteristik - Der Westwallweg erschließt dem Wanderer die wechselvolle Geschichte der Region und zeigt Beispiele naturnaher Landschaftspflege. Auch geführte Wanderungen werden angeboten - auf Wunsch durch den »Schwarzen Mann« persönlich! Der zu jeder Jahreszeit begehbare, einfache Wanderweg verläuft ohne starke Steigungen durch abwechslungsreichen Mischwald auf überwiegend festen Waldwegen. An einem Geländepunkt bietet sich auch ein weiter Ausblick. Festes Schuhwerk ist erforderlich. - Der hier empfohlene erweiterte Rundweg kann, der Ausschilderung [Westwallweg] und nur dem [Blauen Pfeil] folgend auf 6 km mit einer Gehzeit von 2 Stdn. verkürzt werden.
Anfahrt - A 60 Kreuz Wittlich - Malmédy/Belgien, Ausfahrt Bleialf, durch Bleialf L 17 Richtung Prüm, 300 m oberhalb des Feriendorfes Schnee-Eifel abbiegen auf den Schneifelhöhenweg Richtung »Schwarzer Mann«, 4 km bis zum Parkplatz. - Aus Richtung Aachen oder Prüm B 265, Abzweig Forsthaus Schneifel auf den Schneifelhöhenweg Richtung »Schwarzer Mann«, ca. 6 km bis zum Parkplatz. - Aus Richtung Köln A 1 bis Blankenheim, B 51 bis Olzheim, über Forsthaus Schneifel Richtung »Schwarzer Mann«.
Parken - Sehr großer Wanderparkplatz Nr. 6 am Schneifelhöhenweg gegenüber Blockhaus »Zum Schwarzen Mann«.

Der Schwarze Mann - Mit 697,3 m ist der Schwarze Mann der höchste Berg der Schneifel und der dritthöchste der gesamten Eifel. Der Name stammt von den geschwärzten Gesichtern der Bergleute beim Abbau von Bleierz im Bergwerk von Bleialf. Einst hieß der Gipfel »Kerschgeroth«, was wohl auf die Rodung des stark bewaldeten Gebietes verweist. Im Sommer bieten sich hier vielfältige Wandermöglichkeiten vom gemütlichen Spaziergang bis zur anspruchsvollen Tour. Auch als größtes Wintersportgebiet in Rheinland-Pfalz erfreut sich der Schwarze Mann besonderer Beliebtheit. Zwei Abfahrtspisten mit Schleppliften, Rodelbahnen für Kinder und Erwachsene (mit Lift), Langlaufloipen und präparierte Winterwanderwege laden zu Aktivitäten in der winterlichen Eifellandschaft ein. Im Blockhaus gibt es einen Ski- und Rodelschlittenverleih.
Der Rundweg - Am Info-Hexagon am Wanderparkplatz, das die Schneifel aus geologischer, ökologischer und geschichtlicher Sicht beschreibt, kann man sich auf die Wanderung einstimmen. Im Info-Kasten findet man außerdem Wandervorschläge. - Am unteren Ende des Wanderparkplatzes Nr. 6 an der Blutbuche, die ihren Namen aufgrund der roten Blätter erhielt, und dem Vier-Höfe-Stein, an dem die vier Hofbereiche von Alf (heute Bleialf), Auw, Gondenbrett und Sellerich zusammen-

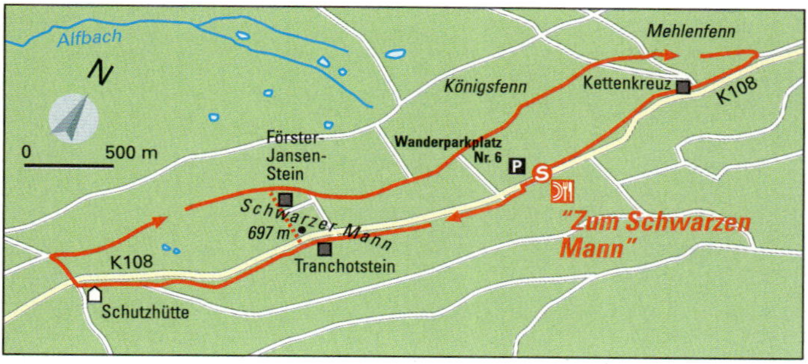

trafen, die geteerte Straße schräg nach links überqueren auf den Westwallweg, gleichzeitig örtlicher Wanderweg [2] und [Maas-Rhein-Wanderweg]. Nach 1200 m Straße überqueren zum Tranchotstein, der den höchsten Punkt der Schneifel mit 697,3 m markiert. Benannt wurde der Stein nach Jean Joseph Tranchot, der 1801 von Napoleon Bonaparte mit der Vermessung und Kartierung der besetzten linken Rheinseite beauftrag wurde und die Gebiete äußerst präzise erfasste. Auf der Holzplattform über dem Bunkerrest begegnet man dem Schwarzen Mann persönlich (Holzfigur)! Wieder zurück über die Straße auf den Weg [2] in südwestlicher Richtung, vorbei an einer Senderanlage. Nach 1400 m an einer kleinen Schutzhütte wieder die Straße überqueren auf Weg [1]. Nach 250 m rechts, in nordöstlicher Richtung, auf den Bunkerweg, auch [1]. Der Weg führt über 4½ km stetig leicht ansteigend und an vielen gesprengten Bunkern des Westwalls vorbei. Auf diesem Waldweg bietet sich überraschend nach links durch die offenen Waldflächen ein herrlicher weiter Blick über das deutsch-belgische Grenzgebiet. Ein kurzer Abstecher (je 200 m hin und zurück) ist möglich auf dem Westwallweg zum Förster-Jansen-Gedenkstein, einem Menhir, der einst auf der höchsten Erhebung der Schneifel gestanden haben könnte. Zurück und weiter auf dem Westwallweg die Bunkerruinen an der Umzäunung umrunden, die als Kulturdenkmäler und artenreiche Biotope von großer Bedeutung sind. Zwischen den Bunkern sind noch Gräben und Stellungen von den Kämpfen 1944 zu erkennen. Auf dem Westwallweg, dann auch Wanderweg [3], Teerstraße überqueren und dem Wegweiser [Bunkerweg] folgend weiter bis an den Schneifelhöhenweg. Von dort

Senderanlage

Die charakteristische »Höckerlinie« - Panzersperren des Westwalls

rechts ab in südwestlicher Richtung auf Waldpfad, gleichzeitig Wanderwege [3] und [9] und [Maas-Rhein-Weg], parallel zum Schneifelhöhenweg über das Kettenkreuz zurück zum Ausgangspunkt.

Blockhaus »Zum Schwarzen Mann« - Das rustikale Ausflugslokal liegt am Mittelpunkt des Schneifelhöhenweges und verfügt über gemütlich eingerichtete Räume (auch für Feiern und Seminare geeignet) und eine überdachte und beheizte Terrasse. Vom Buchcafé mit umfangreicher Eifelliteratur überblickt man den großzügig angelegten Kinderspielplatz. An Winterabenden sorgt ein Kaminfeuer für wohlige Wärme. Die gutbürgerliche Küche bietet Eifeler Spezialitäten, Schneifelbrunch sowie Kaffee und Kuchen. Für die vierbeinigen Freunde gibt es einen Pferde-Parkplatz mit Tränke. Im Winter wird ein Ski- und Rodelschlittenverleih betrieben. Das Restaurant ist bei der Planung von Gruppen- und/oder Themenwanderungen behilflich und Info-Broschüren zu Wanderungen etc. sind kostenlos erhältlich. - ÖZ: April bis Oktober 10-20 Uhr, November bis März 9-20 Uhr, Ruhetage = Di. und Mi. (nicht bei Skibetrieb).

Weitere Wanderwege ab Wanderparkplatz Nr. 6 - Örtlicher Rundwanderweg Nr. 2, spiegelgleich südlich des Schneifelhöhenweges verlaufend, 8 km, 2½ Stdn. - Örtlicher Rundwanderweg Nr. 9, verkürzt, durch die moorähnlichen Fenngebiete, 9 km, gut 3 Stdn.

Die Vulkaneifel - Land der Maare und Vulkane

Wohl kaum eine andere Region erzählt mit ihren imposanten Landschaftsformen so eindrücklich aus der Erdgeschichte wie die Vulkaneifel. Mächtige Explosionen und heiße Lavaströme ließen Vulkankrater und -trichter entstehen - insgesamt zeugen im Vulkaneifel European Geopark (siehe auch S. 12) ca. 350 Ausbruchszentren von der vulkanischen Aktivität. Bei den Vulkantrichtern unterscheidet man zwischen den Trockenmaaren, in denen sich Hochmoore bildeten oder die mit ihren fruchtbaren Böden landwirtschaftlich genutzt werden, und den bis heute bestehenden Maarseen, die die Schriftstellerin Clara Viebig als »Augen der Eifel« bezeichnete. Doch nicht nur die einst Feuer speienden Berge prägen die Landschaft: Man findet hier ebenso die malerischen Flusstäler von Kyll, Salm, Ahr und Lieser sowie bizarre Felsformationen wie die Gerolsteiner Dolomiten.

Besonders intensiv erlebt man diese beeindruckende Landschaft »per pedes«. Der Lieserpfad führt auf 42 Kilometern entlang des gleichnamigen Flusses und ist einer der bekanntesten und wohl auch schönsten Hauptwanderwege in der Vulkaneifel. Auch der Karl-Kaufmann-Weg und der Josef-Schramm-Weg, ebenfalls Hauptwanderwege des Eifelvereins, sowie der 313 km lange Eifelsteig, verlaufen in Teilabschnitten durch die Vulkaneifel. Die vulkanischen Highlights streift der 177 km lange Vulkanweg von Andernach nach Gerolstein. Ebenso beschäftigen sich die GEO-Routen Manderscheid, der GEO-Pfad Hillesheim, die GEO-Rundwege im Gerolsteiner Land, der Vulkanpfad im Oberen Kylltal und die GEO-Erlebniswanderungen rund um Daun, Ulmen, Lutzerath und Bad Bertrich mit der geologischen Vergangenheit der Vulkaneifel. Diese Touren werden ergänzt durch viele lokale Rund- und Themenwanderwege. Kurzweilig und spannend vermitteln die Geopark-Ranger auf geführten Wanderungen Wissenswertes über das Land der Maare und Vulkane.

Strohner Märchen

Radfahrer können zwischen bequemen Strecken für Genießer und anspruchsvollen Routen für den ambitionierten Freizeitsportler wählen.

Neben den örtlichen Radwegen erschließen drei Premiumradwege - der Kylltalradweg, der Maare-Mosel-Radweg und die Vulkan-Rad-Route-Eifel - die Vulkaneifel. Für Mountainbiker gibt es u. a. im Vulkantrailpark präparierte Strecken.

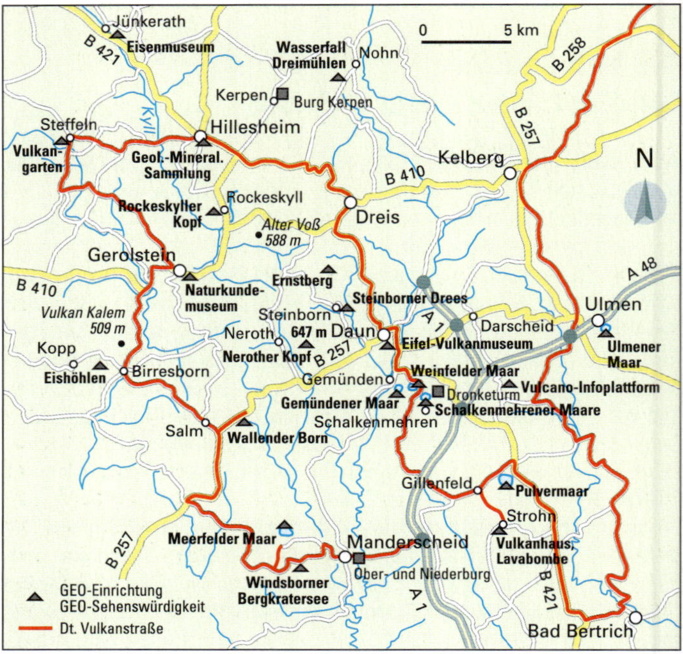

Nicht nur an Regentagen sind die Museen in der Vulkaneifel lohnende Ziele. Das Eifel-Vulkanmuseum Daun zeigt in einer spannenden, interaktiven Ausstellung die einstige Aktivität der Feuer speienden Berge. Speziell mit dem Maarvulkanismus beschäftigt sich das Maarmuseum Manderscheid - mit dem »Terranauten« kann man hier sogar eine abenteuerliche Reise in das Erdinnere unternehmen! Funde aus verschiedenen Erdzeitaltern präsentieren das Naturkundemuseum Gerolstein und die Geologisch-Mineralogische Sammlung Hillesheim. Das Vulkanhaus Strohn widmet sich den vulkanischen Phänomenen aus der Umgebung von Strohn - hier erfährt man wie die mächtige Strohner Lavabombe entstanden ist, zu der auch der rund 4 km lange, im Jahre 2008 eröffnete Vulkanerlebnispfad Strohn führt.

Ganz bequem mit dem Auto kann man entlang der 280 km langen Deutschen Vulkanstraße 39 geologische, kulturhistorische und industriegeschichtliche Sehenswürdigkeiten erkunden.

Die Vulkaneifel ist über das Autobahndreieck Vulkaneifel (A 48 aus Richtung Koblenz und A 1 aus Richtung Trier), mehrere Bundesstraßen (B 257, B 410, B 421) sowie die Hauptbahnstrecken Koblenz - Trier und Köln - Trier gut erreichbar. Außerdem erschließen die Buslinien des Verkehrsverbundes Region Trier die Region (Tel. 01805/131619, www.vrt.de).

Weitere Informationen - Natur- und Geopark Vulkaneifel GmbH, Mainzer Straße 25, 54550 Daun, Tel. 06592/933200, Fax 06592/985900, E-Mail: geopark@vulkaneifel.de

TOUR
32

Gerolstein - Historischer Stadtrundgang

Anfahrt - A 48, Ausfahrt Daun/Mehren, dann B 421 durch Mehren und Daun bis Dockweiler, dort B 410 bis Gerolstein. - Zugverbindungen vom Hauptbahnhof Köln und Hauptbahnhof Koblenz.
Parken - P am Rondell und am Bahnhof.

Der Rundgang - Ausgangspunkt ist der 1) Brunnenplatz mit Tourist-Info und neuem Rathaus. Von dort in westlicher Richtung auf dem Kyllweg entlang des Ufers. Linker Hand sieht man hier das 2) Sidinger Drees, die Mineralquelle, die schon die Kelten und die Römer nutzten und die letztlich zur Urquelle der Gerolsteiner Mineralwasserindustrie wurde. Weiter entlang des Bachbettes auf die Fußgängerbrücke zugehen, vor dem Tennisplatz rechts die Kyll überqueren und von den folgenden zwei Gelegenheiten, abzubiegen, jeweils die rechte wählen. Der Blick geradeaus über die Bahngleise gibt nun die Stirnfront des 3) Sarresdorfer Lavastromes frei. Der basaltische Lavastrom wälzte sich vor 10000-12000 Jahren zwischen Auberg und Munterley hinab und kam hier zum Stehen. Die Bahnlinie überqueren, auf einen Kreisverkehr zuhalten. In diesem rechts in die Sarresdorfer Straße einbiegen und auf die gegenüberliegende Straßenseite wechseln. Das 4) Sarresdorfer Pfarrhaus, welches hier steht, wurde 1544/45 errichtet. Weiter entlang der Sarresdorfer Straße folgt bald rechter Hand die 5) Erlöserkirche. Diese wurde 1913 in Anwesenheit Kaiser Wilhelms II. eingeweiht. Innerhalb des neoromanischen Prachtbaus befinden sich herrliche Mosaiken, die im byzantinischen Stil gefertigt wurden. Im Zuge der Vorarbeiten zum Bau der Kirche entdeckte man 1907 auf dem »Hofacker« die Grundmauern einer römischen Villa rustica. Die Fundamente der so genannten 6) »Villa Sarabodis« können hier besichtigt werden. Im kleinen an die Kirche angeschlossenen Museum geben Funde und Relikte Einblick in

Blick auf Gerolstein mit Munterley, Auberg und Rother Kopf

die römisch-keltische Kultur des 1.-4. Jh. Der Rundgang nimmt seinen Verlauf nun weiter entlang der Sarresdorfer Straße, bis diese in einer Rechtskurve zur Brunnengasse wird. Beim Überqueren der hier beginnenden Hochbrücke eröffnet sich ein reizvoller Blick auf das prächtige aus rotem Sandstein und Schiefer erbaute 7) Bahnhofsgebäude, welches hier 1870/71 errichtet wurde. Nach dem erneuten Überqueren des Brunnenplatzes und der Raderstraße führt der Weg bergauf über einen kurzen steilen Pfad zum Alten Marktplatz. Hier links in die Obere Marktstraße einbiegen und dann rechts aufwärts zu den Gärten Gerolsteins. Den Aufstieg entlohnen hier herrliche Weitblicke über Gerolstein und das Kylltal bis hin zu den gegenüber liegenden Dolomitenfelsen. Weiter in östlicher Richtung folgt bald die 1813 erbaute 8) Sankt-Anna-Kirche. Aufwärts rechts in die Burgstraße einbiegen, dann links in die Graf-Karl-Ferdinand-Straße und wieder links in das Sträßchen Löwenburg, in der sich Gerolsteins Wahrzeichen, die Ruine der 9) Löwenburg befindet. Die im 12. Jh. errichtete Burg, die der Stadt ihren Namen gab (einst Burg Gerhardstein), beherbergte über 700 Jahre hinweg bedeutende Grafengeschlechter und diente der Überwachung und dem Schutze des Kylltales, Gerolsteins und seiner Siedler. Hier führt der Weg nun zurück. An der Kreuzung scharf links in das Gässchen An der Burg einbiegen, wo der ehemalige 10) Burggarten zum Verweilen einlädt. Durch diesen geht es dann weiter abwärts in Richtung der alten Kernstadt, rechts an einem kleinen Steintor in die Bergstraße, vorbei am 11) Wasserturm in die Altstadt. Der Abstieg über eine winkelige Treppe führt zu den letzten Überbleibseln der Stadtmauer mit dem noch gut erhaltenen Nordturm. Von hier aus ist es nicht weit bis zum 12) Mühlentor, dem letzten noch erhaltenen Stadttor. Eine Treppe führt zurück zur Hauptstraße, wo rechter Hand das alte barocke Rathaus zu sehen ist, welches heute das 13) Naturkundemuseum beherbergt. Das 1710 erbaute Haus kann auf eine ereignisreiche Geschichte zurückblicken und erwartet den Besucher mit viel Wissenswertem bezüglich Vulkanologie, Paläontologie und Archäologie des Gerolsteiner Landes. Auf dem gegenüber liegenden früheren Marktplatz stand ehemals der Schandpfahl der Stadt. Zwischen 1580 und 1630 war dies ein Ort der Hexenverbrennungen. Weiter entlang der Hauptstraße in Richtung der Innenstadt und vorbei an der Torwächterfratze des einstigen Westtores gelangt man nun in die Fußgängerzone. Vorbei am Rondell mit dem beachtenswerten Brunnen, wieder zum Brunnenplatz, wo ein auf braunem Sandstein eine aus schwarzem Eifeler Basalt gefertigte Soldatenfigur an die Gefallenen des Ersten Weltkriegs erinnert. Gegenüber beginnen der UNESCO-

Löwenburg bei Gerolstein

unterstützte Vulkaneifel European Geopark - Geopark Gerolsteiner Land und der 14) Kurpark, in dem man sich zum Abschluss des Rundganges am Ausschank der Helenenquelle unbedingt ein Glas des köstlichen Mineralwassers genehmigen sollte.

Weitere Wanderwege rund um Gerolstein

➡ **Georundweg »Gerolsteiner Dolomiten«** - 7 km - 3 Stdn. - Ausgangspunkt: Tourist-Information Gerolsteiner Land - Markierung [G] und Bezeichnung »GerolsteinerLand« - Eine Erlebniswanderung, auf der der geologische Bogen von einem der ältesten Riffe unseres Planeten bis hin zum jüngsten Lavastrom Deutschlands gespannt wird. Auch der Einzug des Menschen in diesem Landstrich wird auf der Wanderung eindrücklich vor Augen geführt.

➡ **Rundweg »Keltenburg Dietzenley und Löwenburg«** - 8 km - 3½ Stdn. - Ausgangspunkt: Tourist-Information Gerolsteiner Land - Markierung [G] und Bezeichnung »Keltenburg Dietzenley« - Eine Wanderung zu geschichtsträchtigen Orten der Umgebung, die phantastische Weitblicke in das grüne Herz der Eifel offenbart.

➡ **Rundweg »Wüsten, Wasser, Vulkane«** - 4 km - 2 Stdn. - Ausgangspunkt: P an der K 46 am Stausee und am Zugang zum Heimatpfad - Markierung [G] und Bezeichnung »Wüsten, Wasser und Vulkane« - Diese Wanderung birgt neben der Schönheit der Natur auch interessante Geheimnisse um die Entstehung des Landstriches und führt über einen Vulkankegel zum Ufer des Gerolsteiner Stausees.

➡ **Tourenvorschlag Eifelsteig** - 25½ km (verkürzte Wanderung 20 km bis Hillesheim, Rückweg mit Buslinie 502 oder 522 möglich) - 6 bzw. 7 Stdn. - Ausgangspunkt Tourist-Information Gerolsteiner Land - Markierungen [Eifelsteig] und [Geopfad Hillesheim] - Eine der schönsten Wanderungen auf dem Eifelsteig von den Gerolsteiner Dolomiten über die Munterley mit herrlichen Ausblicken durch das idyllische Bolsdorfer Tälchen und Hillesheim nach Oberbettingen.

➡ **Tourenvorschlag Eifelsteig** - 25 km - 6 Stdn. - Ausgangspunkt Tourist-Information Gerolsteiner Land - Markierung [Eifelsteig] - Premiumwanderweg mit zahlreichen bemerkenswerten Erlebnispunkten: Von den Ruinen der Löwenburg zur Dietzenley durch beschauliche Wälder und über den Nerother Kopf nach Daun. Rückweg mit Buslinie 500 und 504.

TOUR
33

Kopp - Eishöhlen - ND Adam und Eva - Kopp

10 ½ km

2 ¾ Stdn.

Charakteristik - Ein bequemer Rundweg mit mittleren Steigungen vorwiegend durch Wald. Er bietet schöne Ausblicke, ermöglicht die Besichtigung der interessanten Birresborner Eishöhlen (nicht beleuchtet, daher Taschenlampe nicht vergessen!) und passiert die Naturdenkmäler Adam und Eva.
Anfahrt - Aus Richtung Koblenz/Mayen bzw. Prüm B 410 bis Lissingen, dann Richtung Kyllburg bis Birresborn, dann rechts nach Kopp, dort nach 250 m links der Beschilderung zum Wolffhotel folgen.
Parken - Großer Gäste-P beim Wolffhotel.

Kopp - Die kleine, ruhige Ortschaft liegt inmitten von Laub- und Nadelwäldern und malerischen Tälern. Die Umgebung wird von gut markierten Wanderwegen erschlossen. Der Ortsteil Eigelbach liegt im Talkessel eines Trockenmaares, von dessen Rand sich herrliche Panoramablicke eröffnen. Sehenswert in dem landwirtschaftlich geprägten Dorf sind die mehrere Jahrhunderte alte Stelzeneiche auf einem Hügel bei der Dorfkapelle und die Birresborner Eishöhlen. Auch in der Umgebung gibt es interessante Ausflugsziele: Die Burg Mürlenbach, auch Ruine Bertrada genannt, ist möglicherweise der Geburtsort Karls des Großen. Weißenseifen ist bekannt als Künstlersiedlung, in der vor allem Maler und Bildhauer leben und arbeiten. In Prüm lohnen die Abtei und die Salvator-Basilika mit dem Kaiser-Lothar-Grab einen Besuch. Gerolstein wird überragt von den »Gerolsteiner Dolomiten«, einem Kalkriff.

Der Rundweg - Vom Wolffhotel durch den Wald aufwärts, Wegweiser [Eishöhlen 1 km], nach 120 m verengt sich der Weg zu einem Pfad. Der Markierung [3] folgen und links halten bis zu einer T-Gabelung, dort links ab und weiter mit [3] an imposanten Dolomitfelsen vorbei, nach ca. 300 m rechts aufwärts, [2], Wegweiser [Eishöhlen]. Nach 100 m ist rechts auf schmalem Pfad der Aufstieg zur Mariengrotte möglich oder man folgt dem Hauptweg weiter geradeaus und erreicht ein Plateau mit Rastmöglichkeit und erstmals wunderschönem Panoramablick ins Kylltal bis nach Gerolstein und zum Fernsehturm Kirchweiler. Rechter Hand liegen hier die Birresborner Eishöhlen, die man gefahrlos begehen und besichtigen kann. Eine Taschenlampe leistet gute Dienste bei der Höhlenerforschung. Die Markierungen [1] und [2] führen aufwärts an einem alten Wegkreuz vorbei auf eine Wiese. Immer am Zaun entlang bis zur T-Gabelung. Auch hier findet man eine sehr schöne Aussicht. Dort links abwärts und nach 200 m rechts auf asphaltiertem Weg aufwärts, [2, 11]. Unterwegs lohnt sich ein Blick zurück! Am höchsten Punkt erreicht man zwei markante Bäume, die Naturdenkmäler »Adam und Eva«, die mit ca. 200 Jahren beiden ältesten Kiefern der Eifel. Etwas abseits liegt

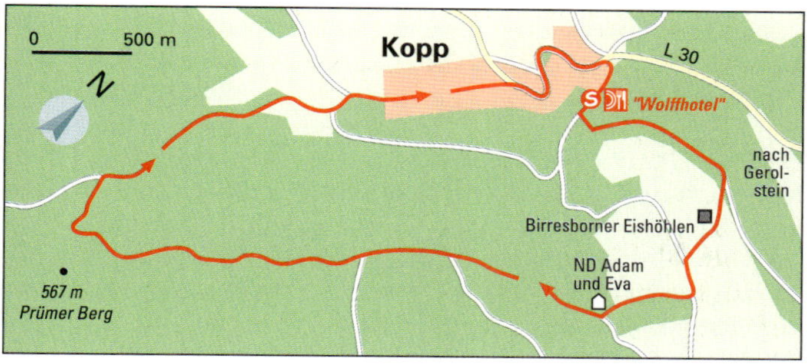

eine kleine Schutzhütte mit Ruhebänken und traumhaftem Gesamtblick über die Landschaft. Weiter mit [2] und Wegweiser [Weißenseifen], dann an der ersten Waldkreuzung geradeaus, [11]. Diesem Weg 4 km folgen, bis man rechts an eine große Waldwiese kommt. Auf dieser Strecke steht ein renoviertes Holzkreuz (Schützkreuz) - danach Wegweiser [Weißenseifen, Prüm] - und der Abschnitt durch den lichten Mischwald ist ein stiller Genuss. An der Wiese rechts halten und durch die Schranke. Linker Hand befindet sich eine gepflegte Fischteichanlage. Dort scharf rechts **(!)** abbiegen, Markierung [2], Wegweiser [Kopp], leicht abwärts und nach 600 m erreicht man eine asphaltierte Straße, Wegweiser [Eichelseifen]. Hier für ca. 4 km immer geradeaus bergab mit schönen Ausblicken, durch den idyllischen Ort Kopp bis zur Dorfstraße, dann rechts bis zum Ausgangspunkt Wolffhotel.

Wolffhotel - Das Hotel mit Restaurant ist umgeben von malerischem Mischwald und einem Fischteich. Nur wenige Schritte entfernt befindet sich ein rustikales Blockhaus mit Café-Bistro und Biergarten, wo man Kaffeespezialitäten, Kuchen, Eis und kleine Snacks genießen kann. Die gutbürgerlichen Gerichte im Restaurant Kupferschmiede werden bevorzugt aus regionalen Bio-Produkten zubereitet. Die Speisekarte wird bereichert durch ein Fischmenü (freitags) und jahreszeitlich abgestimmte Menüs. Für kleine Gäste gibt es eine Kinderspeisekarte. Das Hotel bietet absolut ruhige, sehr geschmackvoll und komfortabel eingerichtete Zimmer und Ferienwohnungen. Mit Sauna und Solarium ist auch für einen eventuellen Regentag Vorsorge getroffen. Attraktive Pauschalen (z. B. Schlemmerwochenende, Familienerlebniswoche, Wanderarrangement). - ÖZ: Hotel: kein Ruhetag. Von November bis Ostern Restaurant von Mo. bis Do. Mittag geschlossen (für Hotelgäste geöffnet).

Weitere Wandermöglichkeiten:

➡ **Georoute Eigelbacher Trockenmaar**, von Kopp rund um Eigelbach - ca. 4 km.

➡ **Nach Birresborn** über ND Adam und Eva, über die Lindenquelle durch verwunschenen Wald mit bemoosten Steinen zum Felsenmeer und Vulkan Kalem und zurück nach Kopp - ca. 15 km.

➡ Von Kopp am Fischbach entlang zum **Matthias-Bildstock**, über Weißenseifen und Eichelseifen am Dellbach entlang zurück nach Kopp - ca. 10 km.

TOUR 34

Daun - Historischer Stadtrundgang

Anfahrt - A 1, Ausfahrt Mehren oder Daun. - B 421 aus Richtung Kronenburg. - B 410/B421 aus Richtung Prüm bzw. Mayen. - Busverbindungen von den Bahnhöfen Gerolstein und Wittlich.
Parken - P an der Leopoldstraße und in der Lindenstraße. P Borngasse.

Aus der Geschichte - Im 1. Jahrtausend Besiedelung durch Kelten und Römer. - 1075 urkundliche Nennung von Adalbero de Duna als erster Dauner Burgherr. - 1337 und 1340 erste Erwähnung als »oppidum« (Stadt). - 1346 Verleihung der Stadtrechte mit eigenem Marktrecht, zugleich Standort eines Hochgerichtes. - 1353 und 1689 Zerstörung der Burg. - 1705-1766 Lebenszeit des berühmtesten Dauners, Feldmarschall Graf Daun, der nach der Auswanderung seiner Vorfahren nach Österreich seine Herkunftsstadt wohl nie sah. - 1817 Sitz von Kreis, Amtsbürgermeisterei und Landrat. - 1945 Zerstörung zu zwei Dritteln durch Bomben. - 1951 erneute Erhebung zur Stadt. - 1965 Garnisonsstadt. - Heute Heilklimatischer Kurort und Kneipp-Kurort mit der Dunaris-Quelle, ca. 8000 Einwohner.

➡ **Der Rundgang** - Ausgangspunkt ist das 1) FORUM, ein 1992 eröffnetes Gäste- und Veranstaltungszentrum. Vor dem FORUM steht das Bacchus-Denkmal auf einem roten Sandsteinquader aus dem ehemaligen Jünkerather Römerkastell. - Im früheren königlichen Landratsamt unmittelbar hinter dem Denkmal ist heute das 2) Eifel-Vulkanmuseum untergebracht, das zum Geo-Zentrum Vulkaneifel gehört und die erdgeschichtliche Entwicklung mit der Vulkantätigkeit erläutert. - Neben dem Museum erinnert das 3) Friedensdenkmal an die Gefallenen des Zweiten Weltkriegs aus dem Kreis Daun. Ursprünglich wurde das Denkmal als »Kaiserbrunnen« (heute stillgelegt) zum Dank an Wilhelm II. errichtet und war mit einem Bronzerelief des Kaisers versehen, der sich für ei-

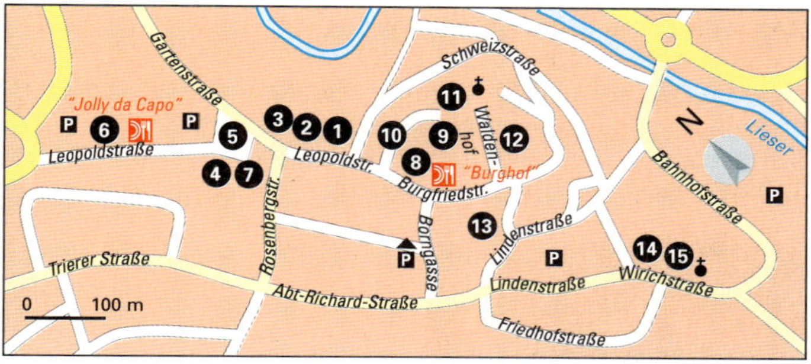

ne zentrale Trinkwasserleitung in Daun einsetzte und den Brunnen 1911 einweihte. - Auf dem Parkplatz der Sparkasse ist die Skulptur »Karriereleiter« des Bildhauers Ulrich Henn zu sehen. Man folgt weiter der Leopoldstraße, überquert die Rosenbergstraße, passiert den neuen Marktplatz und erblickt linker Hand das 4) Steinkreuz auf dem Kampbüchel (Kamphügel). Bereits im 14. Jh. befand sich hier eine Thingstätte (Hochgericht). Das alte Steinkreuz erinnert an eine Kapelle, die 1665 erbaut und 1824 abgerissen wurde. - Gegenüber befindet sich der 5) »Feuerwehr-Brunnen«. Der Granit stammt aus einem Steinbruch von Carisolo, der italienischen Partnerstadt von Daun. Die Städtepartnerschaft entstand aus den Kontakten der beiden Feuerwehren - daher der Name des Brunnens. - Weiter durch die Leopoldstraße erreicht man das 6) Gebäude der Verbandsgemeindeverwaltung, vor dem ein schöner Brunnen die Wappen der Orte der Verbandsgemeinde Daun trägt. - Direkt gegenüber kann man sich eine Pause gönnen im

Restaurant-Café Jolly da Capo - In stilvoll eingerichteten Gasträumen genießt man die feine mediterrane Küche mit leichten Vorspeisen, Suppen mit fantasievollen Einlagen, Pasta-, Fisch- und Fleischgerichten sowie verlockenden Desserts. An Wochentagen werden mittags ein wechselndes Tagesgericht und zum Nachmittagskaffee frische Kuchen und Torten angeboten. Die vielfältige Weinkarte beinhaltet erlesene Tropfen aus Deutschland, Österreich, Italien und Frankreich sowie Champagner, Sekt und Prosecco. Außerdem werden naturtrübe unfiltrierte Biere aus der Klosterbrauerei Machern ausgeschenkt. - Ruhetag = Mo.

Fortsetzung des Stadtrundgangs - Weiter durch die Leopoldstraße gelangt man zum Hallenbad, in dessen Innenhof Reste des Dauner Heimatmuseums mit Ausstellungsstücken zu Natur- und Volkskunde zu sehen sind. Vor dem Museum steht ein 7) Römischer Grabstein. Den dachförmigen Grabdeckelstein (Tonnendach) ließ der Römer L. Apronius Secco bereits zu Lebzeiten anfertigen, wie die lateinische Aufschrift erläutert. 1790 entdeckte man den Stein in den Burgruinen und nutzte ihn aufgrund seiner ausgesprochenen Festigkeit an einem Pfeiler der Liesertalbrücke als Eisbrecher, bevor bei Bauarbeiten zufällig sein wahrer Wert ans Licht kam. Erneut am FORUM vorbei kommt man in die Burgfriedstraße und geht weiter in Richtung Burg. Am Burgaufgang fällt rechter Hand das noch erhaltene Rundportal zum 8) Haus Rodemachern auf. Das einzige Dauner Hoftor mit einem schiefergedeckten Dach trägt im Schlussstein die Jahreszahl 1502. Im Haus Rodemachern, das trotz mehrerer Umbauten deutliche Merkmale der fränkischen Bauweise zeigt, lockt eine weitere Einkehrmöglichkeit:

Lavawand

Burghof Wirtshaus - Brauereiausschank - Das gemütliche Wirtshaus ist in einem 500 Jahre alten Haus untergebracht und besitzt neu gestaltete Gasträume und einen schönen Biergarten. Serviert werden deftige Gerichte aus der Brauhaus-Küche, die überwiegend aus regionalen Produkten zubereitet werden. Hausspezialitäten sind u. a. die Schweinshaxe an Braumeistersauce, Spanferkel-Koteletts und die Kradenbacher Forelle »Müllerin«. Im Ausschank sind sechs Biersorten vom Fass und eine große Auswahl an weiteren alkoholischen und alkoholfreien Getränken. Wechselndes Tagesgericht. - Ruhetag = Di.

Fortsetzung des Stadtrundgangs - Auf dem Weg zur Burg passiert man das beeindruckende Außentor, dessen Wappenstein leider nicht mehr erkennbar ist, und folgt dem Verlauf der alten Steinmauer

Die drei Dauner Maare

zum 9) Kurtrierischen Amtshaus, das 1712 durch den Trierer Kurfürst und Erzbischof Karl-Josef als Schlosstrakt (Jagdschloss mit Amtssitz) errichtet wurde. Sein Wappen ist im Portalüberbau angebracht. Ab 1817 beherbergte das Gebäude die königliche Oberförsterei und wird heute als Hotel genutzt. Am Standort der 10) Burgruine Daun befand sich wohl einst eine keltische Fliehburg und später ein römischer Wachtpunkt. Die vermutlich über 1000 Jahre alte einstige Stammburg der Herren zu Daun wurde mehrfach zerstört, zuletzt 1689 durch die Truppen des französischen Königs Ludwig XIV., so dass heute lediglich eine Ringmauer und ein Basteitürmchen mit Schießscharten erhalten sind. Am Ostende der Burganlage befindet sich die große, 1740 erbaute Zehntscheuer. Im Schlussstein des breiten Tores ist das Trierer Kreuz erkennbar. Zum Burgareal gehört auch die 11) Evangelische Kirche. Ab 1862 wurde auf dem Burgberg eine Kapelle errichtet, die 1867 eingeweiht wurde. Nach der Zerstörung durch einen Bombenangriff 1944 erfolgte der Wiederaufbau bis 1949. In ihrer heutigen schlichten Form wurde das Gotteshaus 1957 umgestaltet. Nach Verlassen des Burgberges folgt man der Burgfriedstraße, bis links eine steile Straße hinaufführt zum 12) Waldenhof (Burgfriedstraße 9). Das Haus des Burgmannes Mohr von Wald bekam 1729 eine neue Fassade mit der Freitreppe aus rotem Sandstein. Über dem Eingang verweist das wohl aus dem Jahre 1534 stammende Wappen auf das alte kurtrierische Geschlecht der Ritter Mohr von Wald. Rechter Hand zeigt eine Takenplatte von 1550 den Burgmann. Eine Mauer schützte den Waldenhof einst als Bestandteil der Burganlage. Weiter entlang der Burgfriedstraße passiert man rechter Hand einige schöne 13) Wohnhäuser mit abgeknicktem Satteldach, steilen Giebeln und Merkmalen der fränkischen Bauweise. Im Innenhof ist über dem kleinen Eingang ein Schlussstein von 1781 erhalten. An der Ecke Lindenstraße/Abt-Richard-Straße folgt man der Lindenstraße nach links und passiert in der sich anschließenden Wirichstraße das ehemalige Amtsgericht (1860). Linker Hand steht das 14) Haus Hommes, die ehemalige Posthalterei. An der zur Straße hin gerichteten Stützmauer sind gut erhaltene Takenplatten zu sehen, die einst die Hitze des Herdfeuers abschirmten und mit Szenen des mittelalterlichen Lebens und mit Wappen verziert sind. Man folgt dem Straßenverlauf weiter zur 15) Katholischen Pfarrkirche St. Nikolaus. Das Gotteshaus soll Ende des 11. Jh. errichtet worden sein, wobei keine urkundlichen Belege über die Bauzeit vorliegen. Die ursprüngliche dreischiffige, flachgedeckte, romanische Pfeilerbasilika ohne Querschiff mit vorgebautem Westturm wurde am 2. Januar 1945 bei einem Bombenangriff bis auf den Turm und die romanische Krypta zerstört. Der Wiederaufbau erfolgte von 1946 bis 1949. - Auf bekanntem Weg kehrt man zum FORUM Daun bzw. zum jeweiligen Ausgangsparkplatz zurück.

TOUR **35**

Daun - Darscheid - Hörscheid - Daun

12 km

3 Stdn.

Charakteristik - Ein gut markierter Rundweg durch eine reizvolle Landschaft in der heilklimatischen Vulkaneifel.
Anfahrt - A 1, Ausfahrt Daun/Darscheid, B 257 nach Daun. - Busverbindungen von den Bahnhöfen Gerolstein (Bahnstrecke Köln - Trier) und Wittlich (Bahnstrecke Koblenz - Trier).
Parken - P Hotel Stadt Daun, wenige Schritte zum gegenüber liegenden Rengener Stübchen.

Daun - Das Dauner Gebiet war schon im 1. Jh. n. Chr. durch Römer und Kelten besiedelt. 1337/1340 erfolgte die erste Erwähnung als »oppidum« (Stadt, Siedlung), 1346 erhielt Daun Stadtrecht. 1817 war die Stadt Sitz des Kreises und Amtsbürgermeisterei und zugleich Landratssitz. Seit 1965 ist Daun Garnisonsstadt und hat heute ca. 8700 Einwohner. Von der ehemaligen Burg Daun sind nur noch eine Ringmauer und ein Basteitürmchen mit Schießscharten sowie eine Zehntscheune von 1740 erhalten. Die Pfarrkirche St. Nikolaus soll im 11. Jh. errichtet worden sein und wurde nach der Zerstörung im Zweiten Weltkrieg 1946 bis 1949 wieder aufgebaut. Das Kurtrierische Amtshaus entstand 1712 als Schlosstrakt, diente ab 1817 als königliche Oberförsterei und beherbergt heute ein komfortables Hotel. Das Eifel-Vulkanmuseum im ehemaligen königlichen Landratsamt ist Teil des Geo-Zentrums Vulkaneifel und dokumentiert die erdgeschichtliche Entwicklung mit der vulkanischen Aktivität. Das Naturschutzgebiet »Dauner Maare« mit dem Gemündener, dem Weinfelder und dem Schalkenmehrener Maar erstreckt sich südlich der Stadt über eine Fläche von ca. 225 ha.

Der Rundweg - Vom Rengener Stübchen der Leopoldstraße folgend geradeaus weiter. An der Tourist-Information i vorbei links in den Bahnhofsweg mit Brückenüberquerung der B 257. Vorbei am Alten Bahnhof Daun. Am Verteilerkreis [2] folgend links leicht bergan. Durch die

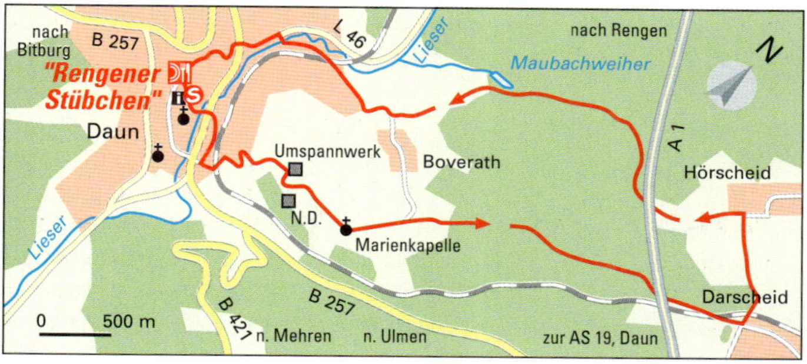

Bahnunterführung geradeaus, »Im Rosengarten« links aufwärts. Bei Hs. Nr. 18 auf gesperrtem Weg geradeaus aufwärts. Auf grasigem Weg zu Umsetzer (Hochmast) aufwärts, Rundweg [2] rechts. Vor Schutzhütte (AP) mit Wegweiser [Darscheid] links. Vorbei an Marienkapelle links. An der Gabelung den Teerweg verlassen, geradeaus bis zum Ortseingang von Darscheid. Karl-Kaufmann-Straße links (Richtung Hörscheid). Mit Wegweiser [Daun], [2] auf Teerweg links. An der Gabelung (Hörscheid in Sicht) Teerweg links. Vor dem Ortseingang von Hörscheid mit [2] links. Nach ca. 300 m an der Wegkreuzung unter der Autobahnbrücke rechts haltend **(!)** weiter [2] folgen. In Boverath zunächst auf dem Maubachweg, an der Gabelung in die Boverather Straße rechts abbiegen. Diese entlang, über die Bahngleise, vorbei am »Bauhof«, rechts über Brücke, dann links. Mit Wegweiser [Stadtmitte] rechts, über Brücke aufwärts, weiter auf der Gartenstraße links aufwärts Richtung [Stadtmitte/Information] bis zur Leopoldstraße und auf dieser zurück zum

Rengener Stübchen - Das gegenüber vom Hotel Stadt Daun gelegene Restaurant vereint alte Bausubstanz mit moderner Architektur: Begehbare Erker, Vorbauten und die Empore verleihen den Räumlichkeiten ebenso besondere Akzente wie kunstvolle Kulissenmalereien und der glasüberdachte Innenhof. Die umfangreiche Speisekarte bietet kulinarische Genüsse für jeden Geschmack. Bevorzugt werden Produkte der Saison und des Marktangebotes entsprechend verarbeitet. Sehr gutes Preis-Leistungs-Verhältnis. - ÖZ: Täglich von 11.30-14.30 Uhr und von 17.30-22 Uhr. Kein Ruhetag.

TOUR
36

Rund um die drei Dauner Maare

13 km

3½ Stdn.

Charakteristik - Die eindrucksvollste Wanderung im Gebiet der Eifelmaare. Drei Maare, auch die »Augen der Vulkaneifel« genannt, liegen höhenversetzt in unmittelbarer Nachbarschaft. Vom Gemündener Maar (407 m) folgt ein steiler Aufstieg zum Dronketurm (560 m). Mehrere kurze Auf- und Abstiege sind auf dieser aussichtsreichen Wanderung zu bewältigen.
Anfahrt - A 1 Wittlich - Dreieck Vulkaneifel, Ausfahrt Mehren, B 421 bis Mehren, dann K 16 nach Schalkenmehren.
Parken - Gäste-P am Wohlfühlhotel Michels.

Schalkenmehren - Die 1287 erstmals urkundlich erwähnte Gemeinde wurde einst geprägt von der Heimweberei. Dieser Nebenerwerb ermöglichte es zahlreichen Bauernfamilien, ihr Einkommen in der von 1926 bis 1983 bestehenden »Heimweberei-Genossenschaft« aufzubessern. Das Heimweberei-Museum Schalkenmehren zeigt die Entwicklung der Stoffe und Muster vom Bauernleinen bis zum »Maartuch«, erläutert die wirtschaftliche und soziale Bedeutung der Genossenschaft und dokumentiert Leben und Werk ihrer Gründerin Anna Droste-Lehnert. Sehenswert ist außerdem die 1844 erbaute Katholische Pfarrkirche St. Martin. Auf dem Hohen List steht das Observatorium der Sternwarte Bonn (Führungen nach Voranmeldung unter Tel. 06592/98258-0). Rund um Schalkenmehren bieten sich viele Möglichkeiten für reizvolle Rad- und Wandertouren.
Der Rundweg - Vom P am Wohlfühlhotel Michels geradeaus bis zur Maarstraße (Hauptstraße), diese links aufwärts, ab Ortsende ohne Bürgersteig, in der Rechtskehre geradeaus aufwärts in einen Feldweg. Beim Marterl Straße queren und rechts am Feldrand entlang weiter, 200 m parallel zur Straße bis zur Kreuzung. Hier links mit Wegweiser [Reiterhof], geradeaus abwärts auf asphaltiertem Weg zum Barninerhof. In der Kehre hinter dem Reiterhof auf Feldweg nach rechts in Richtung Wald. In Kehren abwärts, vorbei an Fischteichen, bis der Feldweg auf den Wanderweg [5] mündet. Diesem weiter abwärts folgen. An der Weggabelung bei der Winkelbornbrücke mit [5] nach rechts gemächlich aufwärts auf einem Waldweg zum Gemündener Maar. Es ist mit einer Fläche von 7,2 ha das kleinste der drei Dauner Maare und entstand vor ca. 10500 Jahren. Die Maare bildeten sich bei einer vulkanischen Gasexplosion und füllten sich im Laufe der Zeit mit Wasser. Neben diesen Maarseen gibt es auch Trockenmaare. An der Kreuzung [Waldcafé] rechts aufwärts, [4] und viele weitere Markierungen, Richtung Dronketurm. Von dem ca. 11 m hohen Aussichtsturm, der nach Dr. Adolf Dronke, dem Gründer des Eifelvereins benannt ist, bietet sich ein herrlicher Rundblick. Vom Turm

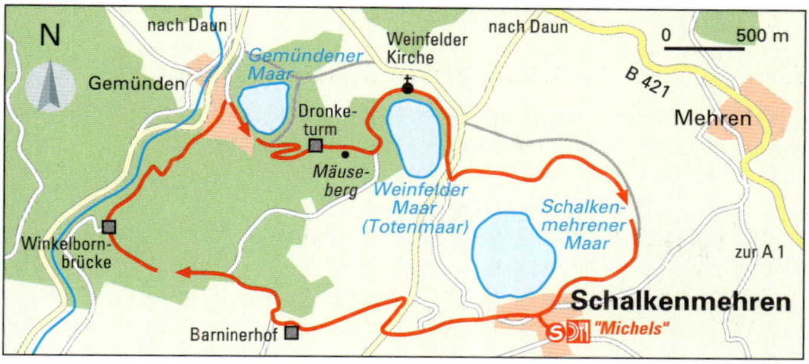

auf breitem, ebenem Weg bis zum Rastplatz mit Blick zum sagenumwobenen Weinfelder Maar. Der ca. 16,8 ha große und 51 m tiefe See wird aufgrund des nahe gelegenen Friedhofes mit der Weinfelder Kirche auch »Totenmaar« genannt. Links abwärts, an der Gabelung wieder links bis zur Weinfelder Kirche und dem Friedhof. Unterhalb der Kirche weiter, das Maar zur Rechten. An der Kreuzung rechts abwärts auf dem unteren Maar-Rundweg und vor einer Wiese mit Rastbank links aufwärts zum P Zweimaareblick. Straße queren und rechts abwärts, ca. 50 m auf dem Carl-Carstens-Weg, dann scharf links in den Rundwanderweg [3] einbiegen, der immer auf gleicher Höhe in großem Bogen um das Schalkenmehrener Maar führt. Das Schalkenmehrener Maar ist ein Doppelmaar und besteht aus dem westlichen Maarsee und dem östlichen Trockenmaar, das das älteste der drei Maare ist. In Schalkenmehren geradeaus abwärts vorbei an der Kirche, links in die St.-Martin-Straße einbiegen und zurück zum Landgasthof Michels.

Wohlfühlhotel und Landgasthof Michels - Das Vier-Sterne-Landidyll-Hotel liegt idyllisch inmitten eines Kraters, direkt am Schalkenmehrener Maar, im Zentrum der Vulkaneifel mit ihren neun Vulkanseen. Ein wunderschönes Ziel für einen Ausflug oder Wohlfühltage im Hotel mit 49 Zimmern, Schwimmbad, Saunalandschaft und WellnessNest. Frische Eifeler Premium-Erzeugnisse, heimisches Wild und Eifellamm genießt man im gepflegten Ambiente der Gasträume im modernen Landhausstil und im Biergarten. Ein weiteres Highlight ist die Weinkarte mit fast 200 Weinen. Interessante Pauschalangebote. - Kein Ruhetag.

TOUR
37

Darscheid - Hörscheid - Maubachtal - Hörscheid - Marienkapelle - Alfbachquelle - Darscheid

9 km

2½ Stdn.

Charakteristik - Die kontrastreiche Wanderung verläuft durch Wald im romantischen Maubachtal und führt auf versteckten Pfaden zu den Höhen der Vulkaneifel. Obwohl überwiegend gute Wege benutzt werden, ist festes Schuhwerk zu empfehlen.
Anfahrt - A 48/A 1 Koblenz - Trier, am Dreieck Vulkaneifel Richtung Daun/Gerolstein, Ausfahrt Daun/Darscheid, B 257 in Richtung Darscheid, im Kreisel die 3. Ausfahrt nehmen (Karl-Kaufmann-Straße). - Busverbindungen von Daun, Gerolstein, Prüm, Ulmen.
Parken - Gäste-P an Kucher's Landhotel.

➡Darscheid - Hörscheid - Maubachtal - gut ½ Std. - Von Kucher's Landhotel die Karl-Kaufmann-Straße geradeaus Richtung Hörscheid, ca. 100 m hinter den Bahngleisen links, Wegweiser [Daun]. Zunächst leicht abwärts, später aufwärts auf asphaltiertem Weg, Markierung [2], bis vor die Häuser von Hörscheid. Nun links abbiegen, erst fast eben, dann abwärts, unter der Autobahnbrücke hindurch in das Maubachtal. Der kleine Bach entspringt hier und mündet nach wenigen Kilometern bei Boverath in die Lieser. Nun rechts **(!)** imTal bis kurz vor einen Hochsitz.
➡Maubachtal - Hörscheid - Marienkapelle - gut ½ Std. - Jetzt rechts weiter auf breitem Weg wieder unter der Autobahn hindurch, danach links haltend leicht aufwärts bis auf einen Waldweg, nun rechts diesem folgend nach Hörscheid. Über den Rengener Weg, dann links über die K 42 bis zur L 66, diese überqueren zur gegenüber liegenden Marienkapelle.
➡Marienkapelle - Alfbachquelle - Ehlert - Darscheid - 1½ Stdn. - Nun ein paar Schritte nach links der L 66 entlang, bis der an einem Pfahl befestigte Wegweiser [Alfbachquelle] erreicht ist. Diesem folgend auf gutem, asphaltiertem Weg bis zum Alfbach, nun links auf morastigem Pfad bis kurz vor die L 66 zur Alfbachquelle. Der 53 km lange Alfbach (auch Alf genannt) mündet in Alf in die Mosel. Auf gleichem Pfad wieder zurück zum befestigten Weg und weiter bis kurz vor die bewaldete Kuppe des Ehlert (553 m), nun links auf landwirtschaftlichem Weg und bald rechts um den Ehlert herum bis zum abgeholzten Wald. Hier nicht nach links **(!)** sondern nach rechts über einen Wiesenpfad bis zu einer Schlehenhecke (mit Sicht auf einen Aussiedlerhof, Schilder der Mountainbike-Route). Nun links bis zum Fahrweg vor dem Wald. Von diesem Hochplateau bietet sich eine gute Rundumsicht! Jetzt rechts auf dem Karl-Kaufmann-Weg, Markierung [2] und [11], nach Darscheid, auf der Karl-Kaufmann-Straße zurück zu »Kucher's Landhotel«.

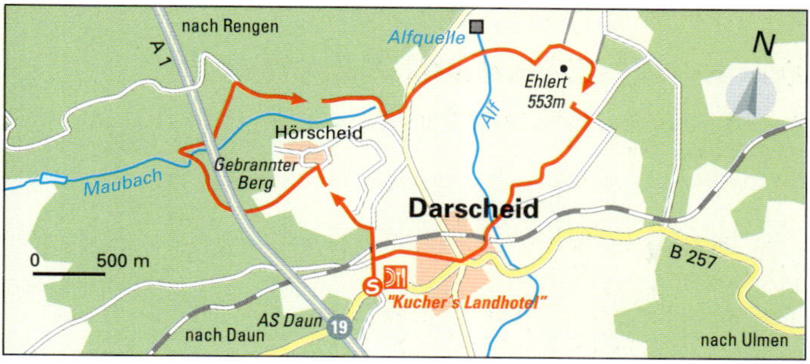

Kucher's Landhotel - Das Drei-Sterne-superior-Haus liegt ruhig am Ortsrand und verfügt über 14 komfortable, liebevoll eingerichtete Zimmer im Landhausstil. Kulinarisch kann man sich in zwei Restaurants verwöhnen lassen: »Kucher's Gourmet-Restaurant« bietet moderne, raffiniert zubereitete Spezialitäten der gehobenen Küche. In der »Weinwirtschaft Kleines Kucher« gibt es pfiffige, ländlich verfeinerte Gerichte aus der Eifel und aus der schwäbischen Heimat des Besitzerehepaars. Verschiedene Arrangements, Kochkurse, kulinarischer Kalender mit Saisonspezialitäten. - ÖZ: Gourmet-Restaurant Mi.-Sa. 18-22 Uhr, So. 12-14 und 18-22 Uhr. »Kleines Kucher« Di. ab 18 Uhr, Mi.-So. 12-14 und 18-22 Uhr. Hotel ganzjährig geöffnet (Betriebsferien im Februar/März, ca. 4 Wochen beginnend nach Karneval).

Weitere Wandermöglichkeiten - Rund um den Ort in der Vulkaneifel erstreckt sich der Biotopverbund Darscheid. In diesem Naturreservat wurden einzigartige Lebensräume wie Feucht-, Mager- und Streuobstwiesen sowie Fließ- und Stehgewässer gesichert, ökologisch gepflegt und nach und nach durch Hecken miteinander vernetzt. Die Wanderwege durch dieses Gebiet beginnen an der Infotafel in der Ortsmitte von Darscheid. Besonders lohnenswert ist neben dem Vogelschutzpfad (Markierung [Rote Eule, 11]) die Lehwaldroute, die mit einer [Blauen Tanne, 12] markiert ist und zu ca. 60 m hohen Douglasien aus dem Jahr 1889 führt. Aus den Stämmen werden Masten für große Segelschiffe hergestellt, und an einer Baumscheibe sind die Jahresringe zählbar. Bei den beiden letztgenannten Touren beträgt die Gehzeit ca. 3 Stunden.

TOUR **38**

Wanderwege rund um Kaisersesch

Anfahrt - A 48 Koblenz - Dreieck Vulkaneifel, Ausfahrt Kaisersesch, in der Stadtmitte von Kaisersesch Richtung Laubach, ca. 1 km bergauf, an der Linkskurve der Hauptstraße geradeaus in die Nebenstraße »Auf der Wacht«, ca. 300 m bis zum Waldhotel Kurfürst. - Busverbindungen von den Bahnhöfen in Cochem und Andernach.
Parken - Gäste-P Waldhotel Kurfürst.

Kaisersesch - Der im Jahr 1051 erstmals urkundlich erwähnte Ort ist Sitz der Verbandsgemeindeverwaltung mit weiteren 17 Gemeinden und hat insgesamt ca. 3250 Einwohner. Das Wahrzeichen von Kaisersesch ist der schiefe Turm der St. Pankratius-Kirche aus dem 13. Jh., dessen Spitze vom Westwind gedreht wurde. Rund um die Kirche gruppieren sich im liebevoll sanierten Ortskern weitere Sehenswürdigkeiten: Im ehemaligen kurtrierischen Gefängnis lohnt das Heimatmuseum einen Besuch. Die Alte Schule beherbergt heute das Gemeindehaus mit Stadtbüro sowie Sitzungs- und Veranstaltungsräume. Außerdem sind die Mauerreste eines mittelalterlichen Burghauses mit Kapelle und Wehrgang zu sehen. Im Mai 2009 wurde der neue Wanderer- und Pilgerbrunnen eingeweiht. Die Bronzeplastik ist den Wanderern und insbesondere den Pilgern auf dem Jakobsweg gewidmet, der durch Kaisersesch verläuft.

Für einen erholsamen Aufenthalt in Kaisersesch empfiehlt sich das
Waldhotel Kurfürst - In romantischer Lage direkt am Wald mit Zugang zum Naherholungsgebiet Langheck. Die behaglichen Gästezimmer sind komfortabel eingerichtet. An die gemütlichen Gasträume schließen sich die Terrasse und der Garten an. Der französische Besitzer und Küchenchef verfeinert die regionalen und internationalen Spezialitäten mit Akzenten aus seiner Heimat. Das kulinarische Angebot wird abgerundet durch Aktionswochen nach Saison (z. B. Spargel, Wild, Pilze) und eine erlesene Weinauswahl. Günstige Gruppenpreise, attraktive Wochenendpauschalen. - Kein Ruhetag.

Im Fachwerkort Monreal

➡ **Historischer Wanderweg rund um Kaisersesch** - 9 km - ca. 2 Stdn. - Der bequeme Rundweg führt entlang an 12 Stationen mit Informationstafeln durch die Geschichte von Stadt und Region. Start und Ziel ist am Postplatz mit dem Depeschenbrunnen.

➡ **Durch das Pommerbachtal** - 17½ km - ca. 6 Stdn. - Die Streckenwanderung durch das Pommerbachtal ist durchgehend mit einem [Großen P] markiert. Auf den Spuren der Kelten, Römer und Moselfranken wandert man von der Quelle des Pommerbachs in Kaisersesch bis zu seiner Moselmündung in Pommern. In den einsamen Wäldern zeugen Mühlen von der einstigen Bedeutung des Pommerbachtals als wichtige Handelsroute und dem früheren Wohlstand der Region. Weitere Sehenswürdigkeiten am Wegesrand sind der Römerturm in Kaisersesch, die »Villa Margaretha«, die ein reicher Krefelder Kaufmann um die Jahrhundertwende erbauen ließ, und die Klosterruine Rosenthal. Außerdem ist im Pommerbachtal eine reiche Tier- und Pflanzenwelt beheimatet. Der Rückweg nach Kaisersesch erfolgt per Taxi oder mit dem Zug bis Cochem oder Treis-Karden und von dort jeweils mit dem Bus bis Kaisersesch.

➡ **Von Kaisersesch nach Martental und durch das Tal der wilden Endert** - ca. 17 km - ca. 6 Stdn. - Von Kaisersesch geht es zunächst zum Kloster Maria Martental und weiter durch das Tal des Endertbaches, der im Wasserfall »Die Rausch« ungefähr 7 m in die Tiefe stürzt. Besonders reizvoll ist der Abschnitt des Tales, der als »Wilde Endert« bezeichnet wird. Auf felsigen Pfaden passiert man klammähnliche Schieferfelsen und überquert mehrmals den Bach, an dem sich mehrere ehemalige Mühlen befinden; einige wurden liebevoll renoviert und sind heute wieder bewohnt. Vom Zielort Cochem erfolgt die Rückfahrt per Taxi oder Bus. Wer den Weg erweitern möchte, kann mit der Sesselbahn auf die Moselhöhen fahren und über Landkern auf dem alten Postkutschenweg nach Kaisersesch zurückkehren. Die Gesamtstrecke beträgt dann 27 km.

In den Fachwerkort Monreal - Durch das Schnellbachtal kann man in den kleinen historischen Fachwerkort Monreal wandern. Von dort ist die Rückfahrt mit dem Zug möglich. Über die Eifelhöhen (Polcher Holz) kann man auch nach Kaisersesch zurückwandern, die Gesamtstrecke beträgt 22 km.

Der Schiefergrubenwanderweg - Mit einer kurzen Anfahrt vom »Waldhotel Kurfürst« verbunden ist eine Wanderung auf dem Schiefergrubenwanderweg. Die Wanderung kann in den Kaisersescher Teilorten Müllenbach, Laubach und Leienkaul begonnen werden. Zwischen diesen Orten erstreckt sich das Kaulenbachtal, in dem von 1695 bis 1959 hochwertiger Schiefer gefördert wurde. Informationstafeln an allen Ausgangspunkten geben erste Einblicke in das Thema. Außerdem ist im Gemeindehaus Müllenbach eine interessante Dauerausstellung und Dokumentation rund um den Schieferbergbau zu sehen. Die landschaftlich einzigartige Route passiert einstige Grubeneingänge und Gebäudereste und zeigt dem Wanderer eine seltene Tier- und Pflanzenwelt.

TOUR
39

Heidsmühle - Hinkelsmaar-Krater - Windsbornkrater - Mosenberg - Dreisborn - Wolfsschlucht - Heidsmühle

13 km
3½ Stdn.
200 m

Charakteristik - Dieser phantastische Weg führt nicht nur zum einzigen Bergkratersee nördlich der Alpen, sondern auch zu einer erfrischenden Mineralquelle und durch die spektakuläre Wolfsschlucht. Außerdem gibt es seltene Pflanzen zu entdecken und man genießt herrliche Ausblicke. Meist gute Wege, dennoch sind festes Schuhwerk und - wegen der Gefahr durch Zecken - lange Hosen zu empfehlen.
Anfahrt - A 48/A 1 Koblenz - Trier, Ausfahrt Manderscheid. - Aus Richtung Köln A 1 bis zum Autobahnende bei Blankenheim, dann über Hillesheim und Daun nach Manderscheid. - Aus Richtung Prüm A 60, Ausfahrt Spangdahlem, über Großlittgen nach Manderscheid. - In Manderscheid jeweils der Beschilderung zur Heidsmühle folgen.
Parken - Gäste-P am Hotel-Café-Restaurant Heidsmühle.

Heidsmühle - Hinkelsmaar - Windsbornkrater - gut 1 Std. - An der Heidsmühle die Kleine Kyll überqueren. Mit Wegweiser [Meerfeld] direkt hinter der Brücke rechts, [20]. Der idyllische Weg schlängelt sich entlang der Kleinen Kyll. Bald wird eine Holzbrücke erreicht, diese nicht überqueren **(!)**, sondern [20] verlassen und [ohne Markierung] links aufwärts, parallel zum Ellbach, bis zum Wegweiser [Windsbornmaar], hier wieder links abzweigen. Später weisen die Markierungen [V] und [Berg-

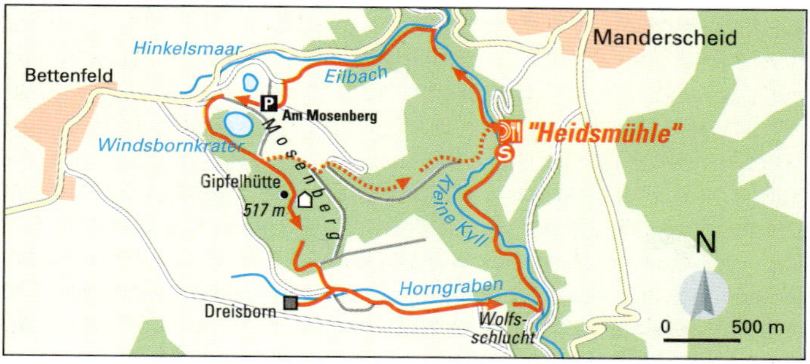

kratersee] den Weg bis zum P Am Mosenberg zwischen Hinkelsmaar- und Windsbornkrater. Rechter Hand liegt der Hinkelsmaarkrater, links der teilweise herausgesprengte Wall des Windsbornkraters. Weiter links mit ein paar Schritten auf dem Pfad hinauf zum Windsbornkrater. Der einzige Bergkratersee nördlich der Alpen liegt an der Geo-Route, die den Wanderer mit Schautafeln über die Natur-, Kultur- und Erdgeschichte der Vulkaneifel um Manderscheid informiert.

Windsbornkrater - Mosenberg - Dreisborn - gut 1 Std. - Der Wegweiser [Gipfelhütte Mosenberg] führt entlang des Kratersees über Lavafelsen zu einem Holzkreuz (AP). Von hier oben bietet sich ein schöner Blick auf den See und die Eifellandschaft. Weiter geht es gerade abwärts bis zu einer großen Wegekreuzung. - Hier gibt es die Möglichkeit, mit Wegweiser [Heidsmühle] eine Abkürzung (ca. 1 Std. weniger) zum Ausgangspunkt Heidsmühle zu wählen. - Für ausdauernde Wanderer empfiehlt es sich, die Tour fortzusetzen! An der Wegkreuzung mit Wegweiser [Gipfelhütte Mosenberg] geradeaus stets aufwärts bis zum nächsten Abzweig. Hier rechts weiter aufwärts zur Gipfelhütte des Mosenber-

Windsborn-Kratersee

ges (517 m). Welch grandioser Panoramablick bietet sich dem Auge! Die ganze Eifel scheint dem Betrachter zu Füßen zu liegen. Ähnlich muss auch der Naturforscher Alexander von Humboldt empfunden haben, als er 1845 dem Mosenberg einen Besuch abstattete und vom Vulkanismus und der großartigen Landschaft begeistert war. Der Weg geht rechts hinunter mit [V] und etwas später kommt der Wegweiser [Horngraben, Dreisbornweg 34 und V 18] hinzu. Rechter Hand in einer Abbaugrube sind die unterschiedlichsten Vulkanschichten offengelegt und zu betrachten. Der Markierung über die Trittstufen hinunter folgend geht der Weg [18] stetig abwärts durch den Horngraben bis zum Wegkreuz. Dort rechts abbiegen, dem Wegweiser [Dreisborn] folgen. Auf dem Waldweg abwärts, an einer Haarnadelkurve geradeaus mit Wegweiser [Zur Mineralquelle Dreisborn] in ca. 10 Min. zum sprudelnden, mineralhaltigen Wasser der Dreisbornquelle. Die Einfassung des Brunnen stammt aus dem 17./18. Jh., auch die Römer kannten diese Quelle schon.

➡ Dreisborn - Wolfsschlucht - Heidsmühle - 1 ¼ Stdn. - Vom Dreisborn zurück zur Haarnadelkurve, hier geradeaus bergab. Auf der Straße links ca. 200 m bis zur Kleinen Kyll. Vor der Brücke links, [16], Wegweiser [Heidsmühle], entlang der Kleinen Kyll erreicht man den Aufschluss Horngraben. Ein Abzweig links führt zur Wolfsschlucht mit sehenswerten Basaltsäulen auf der rechten Seite. Man durchquert die wildromantische Schlucht und stößt oberhalb rechts auf [V] und Wegweiser [Heidsmühle]. Diesem folgen bis zur Gabelung, hier links mit [17], nach ein paar Metern Abzweig rechts am Bach entlang. Über die Brücke Blümesau links flussaufwärts bis zur Heidsmühle.

Café Restaurant Hotel Heidsmühle - Die Heidsmühle, seit 1885 in Familienbesitz, wurde zunächst als Kornmühle, Landwirtschaft und Sägewerk betrieben. Heute ist sie ein beliebtes Ausflugsziel in sehr ruhiger Lage. Gemütliche Gasträume, die großzügige, z. T. beheizte Gartenterrasse sowie behagliche Gästezimmer bieten Ruhe und Entspannung inmitten einer idyllischen Teich- und Bachlandschaft. Die anerkannt gute Küche bietet vielfältige Speisen für jeden Gaumen und Geldbeutel. Eine der Hausspezialitäten sind die fangfrischen Forellen aus dem Mühlbach. Die Konditorei verwöhnt die Gäste täglich mit traumhaften Kuchen und Torten. - Kein Ruhetag.

TOUR
40

Pantenburg - Burgweiher/Liesertal - Schmitthütte - Manderscheid - Oberburg - Belvedere - Kloster Buchholz - Pantenburg

Charakteristik - Eine wunderschöne Wanderung von der Fastebene in Pantenburg tief hinab ins Liesertal mit dem Burgweiher. Am Aussichtspunkt »Belvedere« bieten sich besonders beeindruckende Blicke auf die Burgen und die umliegende Landschaft. Ein weiterer Glanzpunkt ist die Klosteranlage Buchholz mit Stationenweg.
Anfahrt - A 48/A 1 Koblenz - Trier, Ausfahrt Manderscheid. Nach ca. 1 km links nach Pantenburg, durch den langgezogenen Ort bis zur Kirche, gleich danach links zum Hotel »Am Wäldchenborn«.
Parken - Gäste-P am Hotel-Pension »Am Wäldchenborn«.

10 km

3½ Stdn.

190 m

Hotel-Pension »Am Wäldchenborn« - Das familienfreundliche Haus verfügt über rustikal eingerichtete Gasträume (u. a. Bier- und Weinstube, Jägerzimmer, TV-Raum) sowie Sonnenterrasse, Liegewiese, Biergarten und Grillplatz. Die Gästezimmer sind behaglich. Die Gäste werden mit Eifeler Spezialitäten, die mit Produkten aus der eigenen Landwirtschaft zubereitet werden, und Wildgerichten aus heimischen Revieren verwöhnt. Zum Kaffee genießt man hausgemachte Kuchen. Zum Familienbetrieb gehört auch ein Ferien- und Gästehaus im ehemaligen Kloster Buchholz.

Pantenburg - Waidmannslust - Burgweiher - ¾ Std. - Vom Hotel »Am Wäldchenborn« der Straße zurück zur Ortsmitte folgen, dann ca. 200 m rechts, am Jugendheim wieder rechts, nach weiteren ca. 150 m an der Weggabelung **(!)** den rechten Weg nehmen (Fahrspuren befestigt), Markierung [7]. Von hier oben auf der Fastebene eröffnen sich tolle Ausblicke, in Wanderrichtung ist die Mosenberggruppe mit vulkanischem Ursprung zu sehen. Bald wird eine Ruhebank erreicht, Wegwei-

Ober- und Niederburg Manderscheid

ser [7, Waidmannslust]. Kurz danach ist der befestigte Weg zu Ende, es geht nun über Graswege leicht bergab bis in den Wald, vorbei am Schild [Altenberghütte] und Markierung [62] bis zum Wegweiser [Waidmannslust] und [11]. Hier **(!)** nicht nach rechts zur Waidmannslust abbiegen, sondern der Markierung [11] nach links folgend hinab in das Liesertal und zum Burgweiher.

➡Burgweiher - Schmitthütte - Balduinshütte - Manderscheid - gut ¾ Std. - Über eine kleine Holzbrücke rechts die Lieser überqueren, dann in nördlicher Richtung mit den Wegweisern [Georoute], [11] und [12] bergauf zur Schmitthütte. Schöner Blick zurück nach unten in das Liesertal. An einem großen Wegeschild vorbei (weiß mit blauer Schrift) und nachfolgenden Wegweisern [11, 12, 13, 14, 16 und V3] bald ein Stück auf dem Eifelsteig folgen mit toller Sicht nach Niedermanderscheid und zu den Burgen. Über die Leo-Bönner-Allee weiter zur Balduinshütte und dann an den Ortsrand von Manderscheid. Schöne Aussicht auf die Burgen und das Liesertal von der gegenüber liegenden Straßenseite.

➡Manderscheid - Oberburg - Liesertal - Belvedere - gut ¾ Std. - Mit den Wegweisern [Oberburg], [Belvedere] und [9] über die Treppe und gleich anschließend auf dem Pfad **(!)** rechts abwärts zur Oberburg aus dem 10. Jh. An der Nordseite der Burg vorbei weiter leicht abwärts auf der Georoute in das Liesertal. Auf einer Holzbrücke über die Lieser, nun aufwärts der Markierung [9] folgend zum Belvedere mit Pavillon und Gedenkstein mit der Inschrift »HIER STAND KRONPRINZ FRIEDR. WILHELM V. PREUSSEN AM 3. NOV. 1833…«. Hervorragend ist die Sicht auf die Burgen im Liesertal und Manderscheid.

➡Belvedere - Buchholz - Pantenburg - 1 ¼ Stdn. - Vor dem Pavillon stehend halb rechts auf breitem Weg mit Markierung [8] und umgekehrter Beschilderung sowie Wegweiser [Karl-Kaufmann-Weg] am Wald-

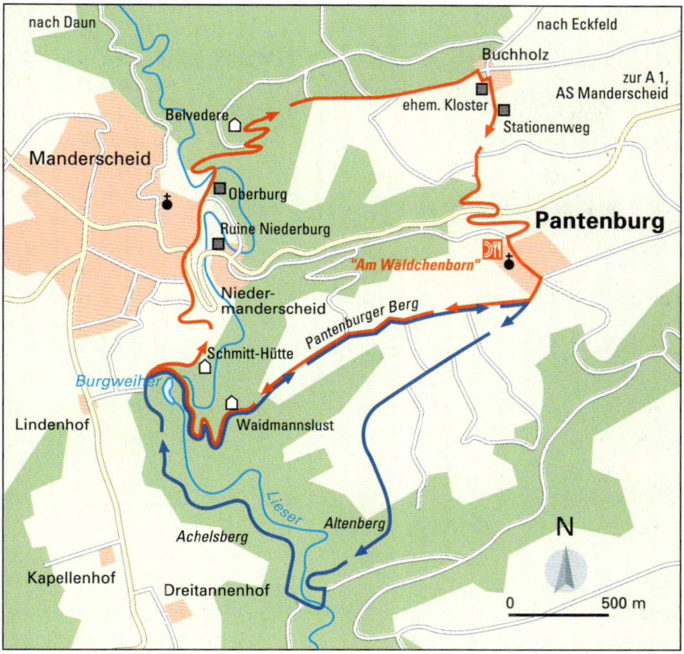

parkplatz vorbei (bald nur noch Wald links des Weges) nach Buchholz mit seinem ehemaligen Kloster und der Klosterkirche. Nun rechts über den Stationenweg (Teerstraße) in südlicher Richtung bergab, zuletzt in Kehren bis zur Straße nach Manderscheid. Hier bieten schöne Aufschlüsse interessante Einblicke in die Naturgewalten der Erde. Die Straße überqueren und auf der anderen Seite in Kehren aufwärts der Straße folgend nach Pantenburg.

➡Weiterer Wandervorschlag: Pantenburg - Altenberghütte - Liesertal - Waidmannslust - Pantenburg - gut 8 km - 3 Stdn. - Höhendifferenz 160 m - Von Pantenburg bis zur Weggabelung wie oben beschrieben. Dann an der Gabelung den linken **(!)** Weg (geradeaus; Teerweg) nehmen, Markierung [62, 63]. Herrliche Aussicht von der Fastebene zur Mosenberggruppe. Bald mit Markierung [63] kurz in den Wald zur Schutzhütte Altenberg. Weiter bergab im Wald zur Josef-Dresen-Brücke, Markierung [63], über die Lieser und auf der anderen Talseite über den Lieserpfad in Richtung Manderscheid, Markierung [14, 15] bis zum Abzweig Ibloch. Von hier rechts abwärts zum Burgweiher. Den Burgweiher umrunden und dann den Schildern in Richtung Pantenburg folgen, Markierungen [7, 11]. Die Lieser überqueren, danach bald stets bergauf zur Hütte Waidmannslust mit schönem Blick auf die Burgen von Manderscheid. Danach anfangs aufwärts den Markierungen [7 und 62] folgend und dann eben auf dem Weg mit befestigten Fahrspuren an einer Ruhebank vorbei nach Pantenburg. Am Jugendheim links Richtung Kirche und Ortsmitte, nach 200 m links zum Hotel »Am Wäldchenborn«.

TOUR
41

Molitors Mühle - Kloster Himmerod - ND Hohenmarkeneiche - Aufschluss Otzenbach - Molitors Mühle

16 km

3¾ Stdn.

Charakteristik - Beschauliche Wanderung ohne große Steigungen, überwiegend durch Mischwald mit klaren Bächen. Eine Abkürzung auf 2¾ Stdn. Gehzeit ist möglich.
Anfahrt - A 48/A 1 Trier - Koblenz, am Autobahnkreuz Wittlich auf die A 60, Ausfahrt Landscheid, Richtung Großlittgen, L 34 Richtung Eisenschmitt, Kloster Himmerod, Molitors Mühle.
Parken - Großer P bei Molitors Mühle.

Der Rundweg - Von Molitors Mühle mit dem Wegweiser [Kloster Himmerod] links aufwärts in den Wald, Markierung [Roter Pfeil]. Auch [Roter und Blauer Balken, 7] markieren den breiten Forstweg. Über die Salm, weiter bis zum

Kloster Himmerod - Die im Jahre 1138 eingeweihte Zisterzienserabtei wurde 1802 aufgehoben und die Gebäude als Steinbruch genutzt. 1919 bis 1922 erfolgte der Wiederaufbau. 1960 wurde die schöne Barockkirche geweiht, die für Besichtigungen und Führungen geöffnet ist. Heute ist das Kloster eine internationale Begegnungsstätte und geistig-kultureller Mittelpunkt der Region. Die hochkarätigen Konzerte erfreuen sich großer Beliebtheit. Im Museum »Alte Mühle« finden Ausstellungen, Lesungen und andere Kulturveranstaltungen statt. Vielfältig sind auch die Klosterbetriebe: Klostergaststätte, Fischerei, Klosterladen, Buch- und Kunsthandlung, Beherbergungsbetrieb sowie Gästehaus.

Kirche in Himmerod

Fortsetzung Rundweg - Aus dem Kloster herauskommend die Straße überqueren. Am Wald-P mit [Rotem Balken] in den Wald. An zwei Fischteichen vorbei, entlang des Backenbaches. Aufgepasst! Nicht dem Linksknick der Markierung folgen, sondern gerade auf breitem Forstweg und leicht aufwärts bis zur Straße. Diese überqueren und an der Schutzhütte weiter mit Wegweiser [Bettenfeld]. Weiter mit dem Wegweiser [Bettenfeld] links. Der Weg ist ab dann teilweise identisch mit der Georoute. An der Landstraße steht das ND Hohenmarkeneiche. - Hier ist mit Abzweig links,

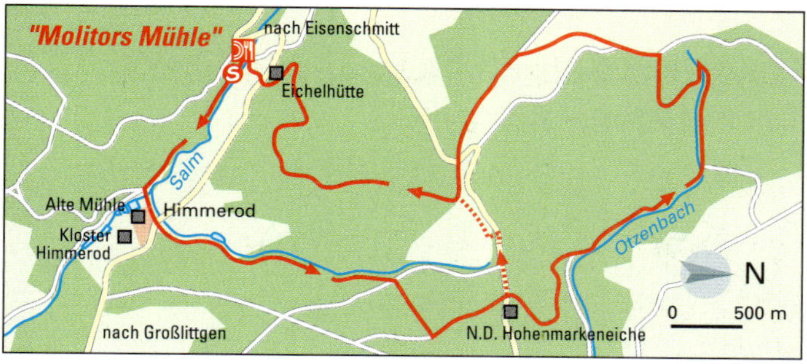

Markierung [32], eine Abkürzung zum Ausgangspunkt möglich (ca. 5 km). - Auf der Georoute geradeaus in das Fischbachtal. Über die zweite Brücke führt ein breiter, ausgefahrener Forstweg. An der Holzbrücke nicht **(!)** dem Wegweiser [Bettenfeld] folgen, sondern geradeaus am Otzenbach entlang. Fischteiche werden erreicht. An einer Spitzkehre befindet sich die Geo-Info-Tafel zum Aufschluss Otzenbach. Der Spitzkehre folgen und auf der Georoute weiter bis zur Landstraße, diese mit [32] links. Nach ca. 100 m am Bildstock von 1635 auf der Georoute rechts. Ein kurzes Stück parallel zur Straße, dann stets aufwärts. Am Wegkreuz geradeaus aufwärts mit schmalem Pfad (Waldschneise!). Wo die Schneise auf einen breiten Weg trifft, diesem mit [42] nach links folgen. Herrlicher Ausblick. Landstraße überqueren und mit [43] geradeaus. Am Wegdreieck der Markierung [43] nach rechts **(!)** folgen. Herrlicher Waldweg, der gemütlich in Serpentinen abwärts direkt zur Toreinfahrt von Molitors Mühle führt.

Hotel Molitors Mühle - In idyllischer Lage im Salmtal, seit 140 Jahren im Besitz der ehemaligen Müllerfamilie. Komfortable, großzügige Zimmer sowie ein Beauty- und Wellnessbereich (Hallenbad, Sauna, Massagen, Kosmetik u. v. m.) machen den Aufenthalt zum Erlebnis. Eine gepflegte Gastlichkeit in liebevoll dekorierten Räumen und die romantische Seeterrasse am Mühlenteich vermitteln bleibende Eindrücke. Die Küche ist regional bis gehoben. Wild und frische Forellen sind Spezialitäten des Hauses. Auch Vesper für den kleinen Hunger sowie Vegetarisches wird gereicht. Ausgesuchte Weine und Fassbier. Mittlere bis gehobene Preislage. - Kein Ruhetag.

TOUR
42

16 km

4¼ Stdn.

Landscheid-Burg - Musweiler Mühle - Großlittgen - Burg

Charakteristik - Gutes Schuhwerk ist für diesen abwechslungsreichen, im ersten Teil wildromantischen Rundweg unbedingt erforderlich.
Anfahrt - A 1, am Autobahnkreuz Wittlich auf die A 60, Ausfahrt Landscheid Richtung Burg. Ca. 1 ½ km hinter Burg rechts ab zum Waldhotel Viktoria. - Busse nach Landscheid-Burg vom Bahnhof Wittlich.
Parken - Gäste-P am Waldhotel Viktoria.

Landscheid - Die Gemeinde im Süden der Moseleifel mit den Ortsteilen Landscheid, Niederkail und Burg/Salm hat ca. 2300 Einwohner. Seit der frühen Neuzeit war Landscheid geprägt durch die sog. »Holegäns«: Diese fahrenden Händler verkauften Töpfererzeugnisse, Emaille und Zinkhaushaltswaren. Der bekannteste war der Steinguthändler und Eifeldichter Peter Zirbes (1825-1901). Im Peter-Zirbes-Haus, seinem Wohnhaus in Niederkail, zeigt ein Museum Gegenstände aus dem Nachlass des Eifeldichters. Sehenswert ist auch die Burscheider Mauer, ein keltischer Ringwall aus dem letzten vorchristlichen Jahrhundert. Rund um Landscheid führen viele Wanderwege durch die Täler von Salm und Kailbach und auf weite Anhöhen. Auch der Eifelsteig verläuft durch Landscheid.

Landscheid-Burg - Musweiler Mühle - Großlittgen - 2 Stdn. - Vom Waldhotel Viktoria den Zufahrtsweg zurück, auf Landstraße mit Markierung [5] links, vor der Brücke Pfad rechts aufwärts, [5]. An Gabelung links, nun meist dicht am Bach entlang. Wenn der Weg schmal wird links abwärts auf Pfad, links auf Weg, dann weiter mit [Musweiler Pfad] und [3]. Vorbei an der Musweiler Mühle (Linksbogen). Auf Straße rechts. Vor Großlittgen erster Weg rechts, an Gabelung rechts. Auf Asphaltweg leicht aufwärts geradeaus nach Großlittgen. Musweilerweg links, in Wittlicher Straße geradeaus und zum

Landhotel Littcher Hof - In zentraler Lage bietet das Hotel behagliche, komfortable Zimmer. In familiärer Atmosphäre, bei schönem Wetter auch auf der Terrasse, serviert die gutbürgerliche Küche Eifeler Spezialitäten mit Fisch, Wild und deftiger Hausmannskost, aber auch leichte Gerichte, Toasts, Kinderteller. Mittwochs Grillabend. Ausgeschenkt werden Fassbier, offene Moselweine und Premium-Eifelbrände. - Kein Ruhetag.

Großlittgen - Waldgebiet Heeg - Burg - 2 ¼ Stdn. - Aus dem Landhotel kommend rechts, in Bautelspesch einbiegen, geradeaus, Himmelspann überqueren, auf Hauptstraße (Himmeroder Straße) geradeaus, Großlittgen verlassen Richtung Himmerod, [5]. Mit Wegweiser [Altenhof] links. An einem rechtes stehenden Steinkreuz die Straße verlassen, links. Wenn [4] links abzweigt, weiter geradeaus **(!)**, Privatweg. Auf breitem Weg aufwärts. Wanderweg [10] folgen durch Waldgebiet Heeg. Die vielen Abzweige ignorieren! Den Privatweg abwärts durch ein Tor wieder verlassen. Auf Straße links, nach ca. 75 m rechts auf die Landstraße Richtung Burg. In Burg geradeaus, vorbei an der Kapelle, links in den Mühlenweg. Mit [Rotem Kreis mit Pfeil] links. Auf schönem Waldweg abwärts, links über Brücke, dahinter erneut links. Am Bach entlang zum

Waldhotel Viktoria - Direkt am Wald im romantischen Salmbachtal, mit eigenem Wildgehege. Für Erholung sorgen komfortable Zimmer, der Wellnessbereich, Hallenbad, Sauna und Solarium. In angenehmer Atmosphäre bietet die auf Erkenntnissen moderner Gastronomie aufgebaute Küche u. a. Wild, Fisch, Steaks, Vegetarisches, Kinderteller. Hauseigene Schnäpse und Weinproben. Alle Preislagen - Kein Ruhetag.

TOUR
43

Plein - Schladter Mühle - Alte Pleiner Mühle - Grünewald - Pleiner Schutzhütte - Plein

16 km

4½ Stdn.

200 m

Charakteristik - Eine sehr schöne und abwechslungsreiche Wanderung meist durch Wälder von Plein tief hinab ins urige Liesertal mit seinen alten Mühlen, auf dem Lieserpfad in den Grünewald und zu einem imposanten Kulturdenkmal (Eisenbahn-Viadukt).
Anfahrt - A 48/A 1 Koblenz - Trier, Ausfahrt Hasborn, über Greimerath nach Plein. Am Ortseingang rechts »Zum Waldschlösschen«. - Vom Bahnhof Wittlich (Bahnstrecke Trier - Koblenz) mit dem Bus zum Busbahnhof Wittlich-Stadt, hier umsteigen in den Bus nach Plein (Rhein-Mosel-Bus Linien 301 und 305).
Parken - Gäste-P am Hotel-Restaurant »Waldschlösschen«.

Plein - Schladter Mühle - 1¼ Stdn. - Vom Hotel-Restaurant Waldschlösschen gleich der Beschilderung mit [Rotem Männchen und rotem Pfeil (Trierischer Volksfreund)] folgend rechts hinauf auf dem Sträßchen nach Plein, hier links haltend zur Eifelstraße, durch den Ort bis vor die Kirche. Nun rechts auf den Schladter Weg zur Unkensteinhalle. An der Unkensteinhalle steht die Hinweistafel »Wandern rund um Plein«. Nun geradeaus dem Teerweg folgend, Holz-Wegweiser [Pl 3 + 4], bald kommt dann die Markierung [Rotes Männchen und roter Pfeil], an einem Bauernhof vorbei. Nach etwa 500 m geht es rechts ab auf einen Wiesen- und Waldweg. Ab jetzt immer leicht abwärts und rechts haltend bis zu einer weiteren Weggabelung, hier ebenfalls rechts abwärts **(!)**, nicht dem Holzwegweiser [Pl 3] folgen, sondern zur [Geo-Route] und Markierung [21]. Auf diesem Weg jetzt links weiter über ein kleines Bächlein abwärts, bald mit Markierung [22] zur Schladter Mühle.
Schladter Mühle - Alte Pleiner Mühle - 1 Std. - Von der Schladter Mühle auf dem Lieserpfad über das Mühlenwehr, Markierung [22, Mühlentalweg], und eine kleine Metallbrücke die Lieser überqueren, dann kurz steil aufwärts bis zu den Markierungen [22, Rotes Männchen, Eifelvereins-Dreieck], hier jetzt links erst ansteigend, später abwärts dem Weg folgen. Das Rauschen der Lieser begleitet auf dem Weg. Kurz vor der Alten Pleiner Mühle (ist noch nicht zu sehen) gabelt sich der Weg, mit der Markierung [Rotes Männchen] und dem Wegweiser [5 Routen für Ihre Gesundheit; im gelben Rechteck »11,5 km leicht«] nun links abwärts, über die Brücke der Lieser zur Alten Pleiner Mühle.
Alte Pleiner Mühle - Eisenbahnviadukt - Schutzhütte - Plein - 2¼ Stdn. - Von der Alten Pleiner Mühle auf dem geteerten Fahrweg zur Straße Wittlich - Plein, diese überqueren und auf dem Weg mit der Markierung [11 + Rotes Männchen] erst eben, dann stetig ansteigend in den Grünewald. Nach etwa 1½ km unter dem Eisenbahnviadukt

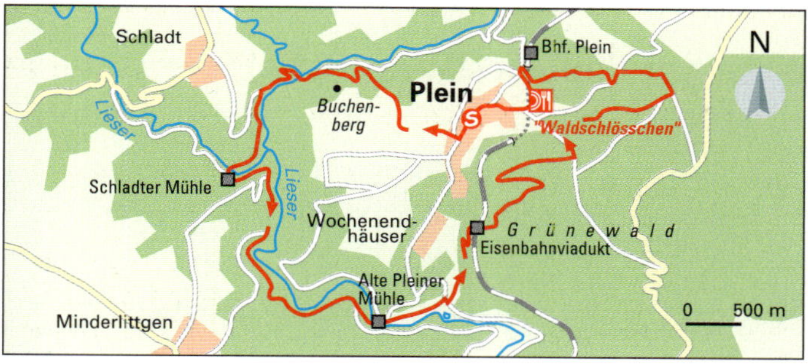

hindurch in einigen Kurven aufwärts dem Weg [11 + Rotes Männchen] folgend zu Pleiner Schutzhütte. Nun erst rechts, nach gut 500 m links dem Weg folgend bis zur Straße Greimerath/Hasborn - Plein, diese überqueren und zum früheren Bahnhof Plein. Hier den Radweg queren und links über die Straße Plein - Gipperath mit wenigen Schritten zum Hotel-Restaurant Waldschlösschen.

Hotel-Restaurant »Waldschlösschen« - Das traditionsreiche Haus - seit 95 Jahren in Familienbesitz - liegt sehr ruhig am Waldrand, direkt am Maare-Mosel-Radweg. Übernachten kann man in behaglichen Gästezimmern (auch Pauschalarrangements). An den gemütlichen Gastraum schließen sich die neu gestaltete Weinstube und der Wintergarten an, bei schönem Wetter locken die mediterrane Terrasse und die Liegewiese mit Kinderspielplatz. Die frische Landhaus-Küche bietet regionale Spezialitäten, aber auch einfache Gerichte für Wanderer und Radfahrer an. Das Weinangebot stammt von Spitzengütern der Mosel, das Waldschlösschen wurde mehrfach ausgezeichnet als »Haus der besten Schoppen«. - Ruhetag = Mi., im Winter Di. und Mi.

Weitere Wandervorschläge rund um Plein - Es gibt drei weitere Touren unterschiedlicher Länge und Schwierigkeitsgrade, die mit den Tafeln »Männchen und Pfeil« in verschiedenen Farben gekennzeichnet sind: Bachlauf-Route im Lambachtal, gelbe Markierung: ca. 13 km, ca. 3 Stdn., leicht. - Höhentour über den Pionierweg, lila Markierung: ca. 10 km, ca. 2 ½ Stdn., mittelschwer - Familientour, blaue Markierung: ca. 5 km, ca. 1 ½ Stdn., leicht, auch für Kinderwagen geeignet.

INFO

Bitburger und Speicherer Land

Anfahrt - Auf der A 1 bis Kreuz Wittlich, dort auf die A 60 in Richtung Wittlich-West/Bitburg-Nord, Ausfahrt Bitburg. - Vom Kölner und vom Saarbrücker Hauptbahnhof aus gibt es reguläre Verbindungen via RE, RB, IC und Bus. Vom Trierer Hauptbahnhof aus verkehren regelmäßig Busse nach Bitburg.
Parken - Öffentliche P in der Stadt und am Stadtrand.

✪ Urlaubsspaß in der südlichen Eifel: Das Bitburger und Speicherer Land - Als Touristenziel und Wanderlandschaft von besonderem Reiz und großer Vielfalt - so präsentiert sich das Bitburger und Speicherer Land in der südlichen Eifel nahe der deutsch-luxemburgischen Grenze. Ein landschaftlich eigenständiger Charakter, intakte Natur, gesundes Mittelgebirgsklima, antike Villen, mittelalterliche Burgen, urtypische Eifeler Bauernhäuser, eine weltbekannte Brauerei, moderne Freizeiteinrichtungen, dafür steht das Bitburger und Speicherer Land. Wandern, Reiten, Golf, Mountainbiking, Schwimmen und Wellness im großen Erlebnisbad Cascade, Fallschirmspringen, Eislaufen, Kartfahren und Wassersport sind nur einige Beispiele für die Vielfalt der möglichen Freizeitaktivitäten. Spiel und Spaß besonders für Kinder garantiert der Eifelpark in Gondorf, der Wild- und Erlebnispark mit der größten Bärenschlucht Europas. Kenner schätzen das Angeln entlang des Flusslaufes der Kyll oder am Stausee Bitburg in Biersdorf am See und das dort gebotene abwechslungsreiche Freizeitprogramm. Ein exzellent ausgebautes Radwegenetz verbindet Bitburg mit Trier, Luxemburg und der Vulkaneifel. Am Kylltalradweg befindet sich auch das Naturcamp Eifel, in dem ein vielfältiges naturpädagogisches Programm mit Unternehmungen wie Kanufahren, Klettern oder interessanten Exkursionen angeboten wird.
Das touristische Zentrum des Bitburger und Speicherer Landes ist die Kreisstadt Bitburg. Hier befindet sich die international bekannte und gleichzeitig zweitgrößte Brauerei Deutschlands, die Bitburger Brauerei.
✪ Bitburg - Nicht nur die berühmte Bitburger Brauerei mit dem 1937 erschaffenen Bierbrunnen gibt es in Bitburg zu besichtigen: Die Stadt wurde vor ca. 2000 Jahren von Römern als Zwischenstation auf dem Weg von Lyon nach Köln unter dem Namen Vicus Beda gegründet und etwa um 340 zu einem Straßenkastell ausgebaut. Noch heute sind Reste der römischen Befestigung erhalten. In der Stadt befinden sich neben zahlreichen Museen und Denkmälern, dem berühmten Pferdemarkt und dem »De Beberiger Gäßestrepper«-Brunnen auch zwei sehenswerte Pfarrkirchen und ein Barockschlösschen mit wunderschöner Parkanlage.
✪ Weitere Sehenswürdigkeiten - Das Bitburger und Speicherer Land ist durch seine Lage ein hervorragender Ausgangspunkt für Ausflüge nach Luxemburg, Belgien, in die Römerstadt Trier oder zur Mosel. Aber auch in der näheren Umgebung gibt es viel Sehenswertes zu entdecken und schöne Wanderungen zu begehen. In Rittersdorf steht bei-

spielsweise die 1263 erstmals erwähnte Wasserburg Rittersburg. Östlich von Bitburg befindet sich Burg Dudeldorf, eine zweiflügelige Herrenhausanlage aus dem 18. Jh. mit einem weitaus älter datierten dreigeschossigen Turm im gleichnamigen Ort. Die im Nordwesten von Bitburg stehende spätmittelalterliche Wehranlage Schloss Hamm aus dem 14. Jh. ist die größte noch bewohnte Burg in der Eifel. In Fießem wurde zu Beginn des 19. Jh. eine der größten römischen Villenanlagen nördlich der Alpen entdeckt: In der Villa Otrang, einer Risalit-Villa, deren ältester Bau aus dem 1. Jh. n. Chr. stammt, kann man prachtvolle Mosaiken bewundern. Doch nicht nur historische Bauwerke gibt es zu entdecken: Der Stausee Bitburg in Biersdorf ist ein bekannter Ausgangspunkt für einige sehr gut ausgebaute Wanderwege, u. a. eine der schönsten Eifelwanderungen, der sog. Waxweiler, der 15 km entlang der Prüm verläuft.

Wandervorschläge

➡ **Rund um den Bitburger Stausee** - 5 km - 1½ Stdn. - Höhenunterschied etwa 110 m - Ein schöner Rundweg rund um den 35 ha großen Stausee über dessen Staumauer, von der aus man einen überwältigenden Blick ins Land und über den See genießen kann.

➡ **Archäologischer Rundweg »Römisches Bitburg«** - Ein Weg auf den Spuren der Römer, auf dem man an 16 Stationen entlang der Römermauer die Überbleibsel der ehemaligen Befestigung erleben kann, die heute noch das Stadtbild Bitburgs prägen.

TOUR
44

Baustert - Brecht - Neumühle - Baustert

16 km

4½ Stdn.

170 m

Charakteristik - Ein leicht zu begehender Rundwanderweg, der aber durchaus auch fordert. Durch abwechslungsreiche Landschaften mit Feldern und Wiesen, vorbei an gepflegten Bauernhöfen und markanten Naturdenkmälern, durch hochstämmigen Mischwald entlang eines Gewässerlehrpfads und durch schmucke Eifeldörfer mit schönen Ausblicken über das Bitburger Land. Festes Schuhwerk erforderlich. Ausreichend Getränke mitführen. Mangels durchgängig klarer Wegebeschilderung sollte dieser Wanderweg mit der Karte in der Hand begangen werden. Das Hotel stellt für Gäste bei Bedarf auf Anruf eine Abholung im Verlauf der Wanderstrecke sicher.
Anfahrt - A 60 Ausfahrt Bitburg, B 51 bis Bitburg, B 50 in Richtung Vianden bis Oberweis, K 67 bis Baustert. - Das Landhotel Wiedenhof bietet für Gäste Abholung ab Bahnstation Bitburg-Erdorf an der Bahnstrecke Köln - Trier an.
Parken - Großer, kostenfreier Gäste-P am Hotel.

Der Rundweg - Vom P am Hotel rechts abwärts die Maximinstraße durch Baustert, ab Ortsmitte entlang des Eschbachs dem Wegweiser [Brecht] folgen. Ca. 100 m vor dem Bausterter Ortsende nach rechts in den befestigten Weg oberhalb des Mühlbachs einbiegen. Nach 1,8 km an der Waldspitze scharf rechts abwärts am Waldrand entlang nach Mülbach. Im Ort links ab, die Bergstraße aufwärts bis 150 m vor Haus Deltenhof. Vom Teerweg nach rechts den Feldweg einschlagen und am Hang unterhalb des Brotbergs im weiten Bogen bis Ortseingang Oberweis gehen. Die Straße in Richtung des Wegweisers [Buchenhof] überqueren. Geradeaus weiter bis zur attraktiv gestalteten Ortsmitte von Brecht. Hier kann man die Filialkirche St. Luzia mit ihrem spätgotischen Chor aus dem 16. Jh. besichtigen. Vor der Prüm-Brücke nach links an der Mühlenbäckerei vorbei der Beschilderung [Gewässerlehrpfad] folgen. Der Weg führt hier leicht ansteigend nach Norden durch das Tal des Echtersbaches. Den Gewässerlehrpfad an der Tafel Nr. 9 nach links in Richtung des Wegweisers [Neumühle] verlassen. Ab hier der mehrfach beschilderten Markierung [Rhein-Maas-Weg, Mosel-Our-Weg, EV-Hauptwanderweg Nr. 16] folgen: Auf dem gut ausgebauten Waldweg zunächst bis zum Waldrand gehen, dann talwärts bis Neumühle und sodann nach links steil aufwärts bis zur Kreuzung mit Obelisk. Dort eröffnet sich ein herrlicher Blick nach Norden. Der Obelisk aus dem Jahr 1198 steht der Sage nach an jenem Platz, an dem der vom Kreuzzug heimkehrende Graf entschied, durch Bau einer Marien-Kapelle in Weidingen sein Gelübde zu erfüllen. Hier nun abwärts gehen und nach 80 m links, dem Wegweiser [Hütterscheid] folgend einen mächtigen Baum (ND) passieren. In Hütterscheid scharf

nach links in den Horstweg einbiegen, der entlang des Friedhofs verläuft. Ca. 80 m hinter dem Sportplatz führt ein Weg in den Wald, diesem talwärts bis zur Kapelle Berghausen folgen. Nach links in Richtung des Wegweisers [Baustert] den Bach entlang bis zur Ortsmitte Baustert gehen, dann rechts bergauf und zurück zum

Landhotel Wiedenhof - Großzügiges, familiär geführtes, am Ortsrand und in unmittelbarer Nähe zum Wald ruhig gelegenes Hotel mit Gästezimmern verschiedener Kategorien, alle mit Du/WC, Telefon Sat-TV und Minibar. Lift im Haus. Schwimmbad, Sauna, Kegelbahn, Lesezimmer, Biergarten, Tischtennis, Billard sowie Fahrradverleih im Hotel. Verschiedene, behaglich eingerichtete Restaurants mit herrlicher Aussicht, große Terrasse, Grillpavillon. Die hervorragenden Gerichte werden mit Zutaten aus dem eigenen Gemüse- und Kräutergarten zubereitet. Die Küche bietet innovative Speise- und Getränkevariationen sowie Eifeler- und Hausspezialitäten in allen Preislagen. Besonders auch für Gruppen das ideale Haus für individuellen Aktivurlaub. - Kein Ruhetag.

Weitere Wanderwege

- Rundwanderweg Nr. 7 des Eifelvereins: Neuhaus - Glashütte - Russdorf - 8 km - 2 Stdn.
- Waldwanderung zum Pestkreuz - 8 km - 2½ Stdn.
- Lokale Wanderungen nach Vorschlag des Hotels
- Tageswanderungen im deutsch-luxemburgischen Grenzgebiet Naturpark Südeifel, z. B. an Sauer und Our sowie im Raum Irrel.

INFO

Das Neuerburger Land

Anreise - Aus Richtung Saarbrücken kommend auf der A 1 bis Kreuz Wittlich, dort auf die A 60 in Richtung Wittlich-West/Bitburg-Nord, Ausfahrt Bitburg, dann B 51 in Richtung Luxemburg, auf Höhe Bitburg auf die B 50 bis Sinspelt, dort L 4 bis Neuerburg. - Von Köln aus auf der A 1 nach Wißkirchen/Trier. Bei Ausfahrt Blankenheim auf die B 51 in Richtung Prüm, hinter Dansfeld auf die B 410 bis Arzfeld, dann K 58 und L 4 bis Neuerburg. - Busse von Prüm und Bitburg.
Parken - Parkmöglichkeiten am Heckingshof unterhalb der Pfarrkirche St. Nikolaus im Zentrum von Neuerburg. Weitere ausgeschilderte P in der Stadt.

✪ Das Neuerburger Land im Deutsch-Luxemburgischen Naturpark - Die aus insgesamt 49 Gemeinden bestehende Verbandsgemeinde Neuerburg liegt im landschaftlich reizvollen Eifelkreis Bitburg-Prüm und hat ihren Sitz im Städtchen Neuerburg. Das gesamte Gebiet im Dreiländereck zwischen Deutschland, Luxemburg und Belgien bezaubert durch die ursprüngliche Kulissenvielfalt der Eifel-Ardennen-Region mit ihrem facettenreichen kulturellen und historischen Erbe. Trutzige Burgen und historische Städte, Gutshäuser und Höfe warten darauf, entdeckt zu werden. Naturbelassene Flüsschen schlängeln sich durch wilde Täler, die auf von der Verbandsgemeinde zusammengestellten Wandertouren wie beispielsweise durch das Ourtal, zur Gewässerstation Gaytal in Körperich (s. S. 151) oder entlang des Felswandgewässersteigs Sinspelt-Mettendorf erkundet werden können. Durch die zentrale Lage eignet sich Neuerburg auch ausgezeichnet als Startpunkt für Touren durch die bizarren Felslandschaften des Ferschweiler Plateaus oder über die

Blick auf Neuerburg

rauen Höhenzüge des Islek. Auch Ausflüge in die nahe Kleine Luxemburger Schweiz bieten sich an. Doch um Schönes zu erleben muss man hier nicht weit fahren: Zahlreiche geschichtsträchtige Kleinode finden sich in der Verbandsgemeinde. In der historischen Altstadt von Neuerburg mit ihren winkligen Gassen findet man neben der Kreuzkapelle und einer sehr stilvollen spätgotischen Pfarrkirche aus dem Jahre 1492 auch eine historische herrschaftliche Mühle mit zwei imposanten Wasserfällen. Die größte noch erhaltene Burganlage im Bitburg-Prüm-Kreis aus dem 12. Jh. steht ebenfalls in der Stadt und Innenhof und Burgkapelle können besichtigt werden. Eine weitere Burganlage aus dem 12. Jh. steht im etwa 10 km entfernten Waldorf-Falkenstein. Die Burgruine Falkenstein war eine von sieben Burgen, die im Mittelalter die Grafschaft Vianden sicherten. Heute befindet sie sich in Privatbesitz und kann nicht besichtigt werden, ist aber ein schöner Blickfang bei einer Wanderung nahe der Ourtalschleife. Auch Ausflüge in die kleinen Gemeinden des Neuerburger Landes sind angesichts der vielen kleinen Kirchen und Naturdenkmäler durchaus lohnend.

Ferschweiler Plateau

TOUR
45

Panoramaweg rund um Neuerburg

12 km

3½ Stdn.

150 m

Charakteristik - Die durch zwei stärkere Anstiege (jeweils ca. 1 km) durchaus fordernde Rundwanderung verläuft durch abwechslungsreichen Mischwald und in gepflegter Natur mit herrlichen Ausblicken über das historische Neuerburg und sein Umland im Naturpark Südeifel. Der Weg führt an mehreren Kulturdenkmälern vorbei. Obwohl man auf überwiegend festen Waldwegen wandert, ist gutes Schuhwerk erforderlich. Der Rundweg kann an einer Vielzahl von Abzweigungen des gut ausgeschilderten Wanderwegenetzes durch den Abstieg in die Stadt im Enztal verkürzt oder auch bei schlechtem Wetter beendet werden. Eine interessante Ergänzung zur Wanderung ist der historische Stadtrundgang durch Neuerburg (ca. 2 Stdn.); eine Beschreibung mit Stadtplan ist bei der Tourist-Information erhältlich.
Anfahrt - A 60 Kreuz Wittlich - Malmédy/Belgien, Ausfahrt Bitburg, B 51 nach Bitburg, ab Bitburg B 50 Richtung Vianden/Luxemburg bis Sinspelt, dann L 4 nach Neuerburg. Oder Ausfahrt Prüm, B 410 bis Arzfeld, dann über Emmelbaum und Enz nach Neuerburg. - Busverbindungen von Prüm und Bitburg.
Parken - Gäste-P Hotel euvea. - Sehr großer, kostenfreier Parkplatz am Zinnenplatz 50 m vom Hotel vor der Feuerwache.

Neuerburg - Die »Perle der Südeifel« liegt im romantischen Enztal, umgeben von der reizvollen Landschaft des Deutsch-Luxemburgischen Naturparks. Von der bewegten Geschichte zeugen historische Sehenswürdigkeiten wie die noch gut erhaltene, große Burganlage aus dem 12./13. Jh., das Pfarrhaus, der einstige Sitz der Lehensherren, und die Pfarrkirche, die ein einzigartiges bauliches Ensemble bilden. Der Luftkurort bietet seinen Gästen ein gut ausgebautes Wanderwegenetz und liegt an einigen Fernwanderwegen, z. B. dem Jakobsweg. Die Freizeitanlage »In der Enz« besteht aus einem Erlebnisbad, Tennisplätzen und einem Campingplatz. Außerdem ist Neuerburg aufgrund seiner zentralen Lage ein idealer Ausgangspunkt für Ausflüge nach Luxemburg, in die Vulkaneifel und in das Moseltal.
euvea Freizeit- und Tagungshotel - In einer parkähnlichen Anlage im idyllischen Enztal gelegen, bietet das Hotel seinen Gästen, besonders auch im Rahmen von Gruppen, einen angenehmen und entspannenden Aufenthalt. Ansprechende barrierefreie und multifunktionale Räumlichkeiten stehen zur kreativen und individuellen Freizeitgestaltung zur Verfügung. Durch die unmittelbare Nähe zu den Sportstätten ist das Angebot auch für den Bereich des Behindertensports reichhaltig. Neben modernen Komfortzimmern verfügt das Hotel über einen bestens ausgestatteten Wellnessbereich mit Sauna, Whirlpool, Solarium und Fitnessraum.

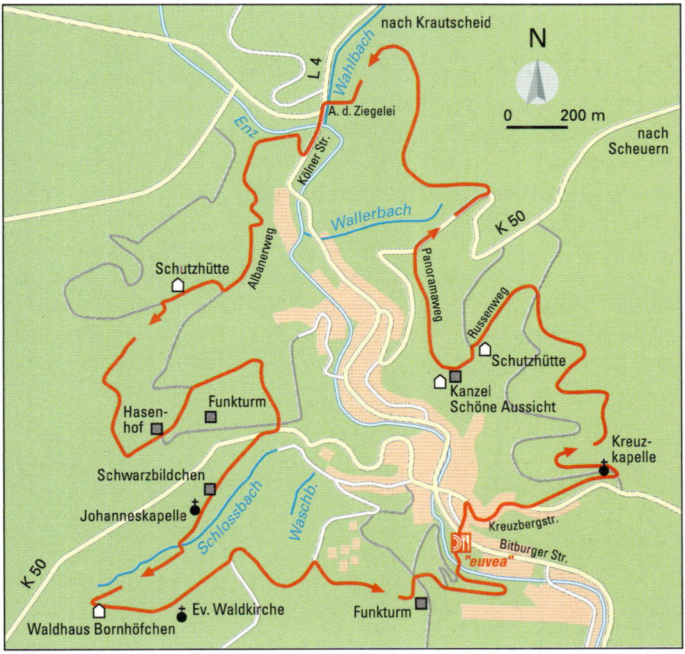

Das hauseigene Restaurant mit Gartenterrasse bietet regionale und internationale Köstlichkeiten sowie jeweils ein preisgünstiges Tagesmenü an. Beliebte Treffpunkte sind die Cafeteria und die Bar. - Kein Ruhetag.

Der Rundweg - Vom Hotel euvea bzw. vom Ⓟ Zinnenplatz über die Bitburger Straße, dann rechts in die Gerberstraße. Unmittelbar vor dem Stadthaus scharf rechts den über 1 km langen, steilen Anstieg der Kreuzbergstraße hoch entlang des Kreuzwegs zur Kreuzkapelle. Hinter der Kapelle nach links über den breiten Waldweg [27] bis zur Kreuzung mit dem Weg [11]. Über den Russenweg, der [11] folgend, bis zur Schutzhütte. Hinter dieser den Waldpfad 200 m bergab zur Kanzel, einem Aussichtspunkt mit herrlichem Ausblick über das historische Neuerburg, seine Burg und das Enztal. Nach rechts (Norden) dem Panoramaweg mit der Markierung [13] folgend bis an die Teerstraße (K 50) Richtung Scheuern. Rechts hoch, nach 300 m in der Rechtskurve der K 50 nach links auf den Waldweg [11]. Nach gut 500 m am Wegweiser [Neuerburg] **(!)** nach links auf dem Waldpfad abwärts bis »An der Ziegelei«. In Richtung Neuerburg 200 m entlang der Kölner Straße, dann diese überqueren und auf dem Waldpfad [5], dem »Albanerweg«, dem Wegweiser [Eligiusberg] über 1 km steil ansteigend folgen bis zur Wegekreuzung am Waldrand. Von dort mit [5] und Wegweiser [Kreuzdorf] mit herrlichem Ausblick über das nördliche Neuerburger Land an der Schutzhütte vorbei zum Hasenhof. Talwärts der Kennzeichnung [N] folgend bis auf die K 50. Diese überqueren und 50 m oberhalb den Waldweg [3] nach links nehmen, entlang dem Kreuzweg und an der Johanniskapelle und dem Schwarzbildchen vorbei weiter ansteigend bis zum Waldhaus Bornhöfchen. Nach links auf gepflastertem Weg zur Evangelischen Waldkirche. Diese Anlage durchqueren bis auf die schmale Teerstraße; dieser mit der Markierung [L] etwa 800 m talwärts folgen bis zum Hinweisschild [Daudistel], dort nach rechts den Weg Richtung Funkmast nehmen. Kurz vor dem Funkmast nach links 200 m bergab bis zum Waldweg [2]; dieser Pfad führt nach rechts und über Serpentinen angenehm talwärts, weiter unten als [1] markiert, direkt zu einer kleinen Holzbrücke über den Enzbach. Der Ausgangspunkt am Hotel euvea ist erreicht.

TOUR **46**

Körperich-Seimerich - Rundweg zur Königseiche im Kammerwald

13 ½ km

3 ¾ Stdn.

Charakteristik - Eindrucksvoller Rundweg im Naturpark Südeifel inmitten des Deutsch-Luxemburgischen Nationalparks, teils durch Mischwald, teils durch weite Felder und Flur.
Anfahrt - A 60 Wittlich - Prüm, Ausfahrt Bitburg, B 51 Richtung Bitburg, dann B 50 Richtung Vianden, bei Obersgegen Abzweig nach Körperich-Seimerich. - B 418/N 10 Wasserbillig/Trier - Vianden, in Bollendorf Abzweig Richtung Körperich-Seimerich.
Parken - Gäste-P Landgasthof und Heuhotel Hinkelshof. - Besucher-P GaytalPark.

➡ **Körperich-Seimerich - GaytalPark** - ½ Std. - Vom Hinkelshof rechts entlang der Hauptstraße in kurzer Strecke bis zum gut beschilderten
✪ **Umwelt-Erlebnis-Zentrum GaytalPark** - Der GaytalPark als Umwelt-Erlebnis-Zentrum macht in einer multimedialen Ausstellung und einer 20 ha großen Außenanlage mit Naturerlebnispfad Zusammenhänge zwischen Mensch, Natur und Technik sichtbar. Als anerkannte SchUR-

Station (Schulnahe Umwelterziehungseinrichtung Rheinland-Pfalz) bietet das Zentrum altersgerecht aufbereitete Programme für Kindergarten, Schule, Jugend und Freizeit. Die Cafeteria-Infothek mit schöner Terrasse hält regionale oder fair gehandelte Getränke, kleine Snacks, Eis, Souvenirs, Wanderkarten, Fachliteratur und touristische Informationen bereit. - ÖZ: Ostern bis Oktober, Do.-So. 11-18 Uhr, im Juli und August zusätzlich Di. und Mi. Für Gruppen nach Voranmeldung jederzeit geöffnet.

GaytalPark - ND Königseiche - 1 ¼ Stdn. - Vom Umwelt-Erlebnis-Zentrum geht es in Stufen abwärts und dann ca. 50 m rechts entlang am Gaybach. Vor eingezäunter Wiese links über Holzsteg. Rechts mit [G 1/ G 2]. Nach 250 m links leicht aufwärts, [G 1]. An nächster Wegkreuzung links. Landstraße L 1 überqueren und gegenüber wieder mit [G 1] weiter Richtung Königseiche. Stets auf Wanderweg [G 1] bleiben. Mehrere Weggabelungen nicht beachten. An großer Schutzhütte links mit [G 1] weiter bis Kreuzung mit kleiner Schutzhütte rechts des Weges. Von dort mit [Königseiche] ca. 30 m rechts leicht bergan zum ND Königseiche.

ND Königseiche im Kammerwald - Die Königseiche, älteste und stärkste Eiche der Westeifel, hat eine Höhe von 33 m und einen Umfang von 5,2 m. Das Alter der Maoderkoos, der Muttereiche, wird auf über 450 Jahre geschätzt. Ein bis in die Wipfel ragender Blitzableiter soll sie bei Gewitter schützen. Die 460 Hektar große Waldfläche des Kammerwaldes war einst »Holzkammer« für den Grafen von Vianden.

ND Königseiche - Körperich-Seimerich - 2 Stdn. - Von der Königseiche links auf [G 1/H]. Zunächst ebener Weg, dann stetig abwärts

Ausstellungshalle im GaytalPark

bis zur Bundesstraße B50. Von hier sind es nur wenige Schritte und man wäre in Luxemburg! Straße überqueren und gegenüber in Johanniterstraße Richtung Schloss Roth (barocke Gebäudeanlage mit frühromanischer Kirche, in Privatbesitz). Dem asphaltierten Weg abwärts folgen. Am Mühlenweg links, [H]. An der Kreuzung »Ourtaler Hof« geradeaus Richtung Gentingen. Nach dem Ortsausgang von Roth a. d. Our links aufwärts auf Landwirtschaftsweg [E]. Kleinere Feldwege links und rechts lassend bis Grillhütte und Zeltplatz. Rechts mit [G 3/E] durch Felder mit weiter Aussicht. An Wegkreuz links in Kurven abwärts Richtung Körperich. Am Ortseingang Rechtsbiegung folgen, nicht geradeaus in den Ort! Auf oberer Wegführung mit [G 3] bleiben und nach wenigen Minuten in weiter Linkskurve links abwärts. Der Weg trifft auf die Hauptstraße von Seimerich. Gegenüber kleiner Marienbildstock. Ca. 100 m der Straße entlang links zum Ausgangspunkt.

Landgasthof und Heuhotel Hinkelshof - Die etwas andere Gastlichkeit! Schlafen im Heu, aber auch in behaglichen Gästezimmern mit historischer, bäuerlicher Möblierung. Sehr schön mit altem Geschirr und Handwerkszeug dekorierte Gasträume mit angenehmer Atmosphäre. Gehobene, regionale Küche mit Eifeler und Luxemburger Spezialitäten und umfangreiche Weinkarte. Verarbeitet werden Ziegenkäse aus der nahen Käserei, Butter und Milchprodukte vom Bauernhof und frische Fleisch- und Wurstwaren vom Land. Im Sommer ist außerdem die Pizzabackstube geöffnet. Marmeladen und Kuchenangebot aus eigener Herstellung. Mittlere Preise. - ÖZ: Okt.-März Do.-So., März-Juni und Sept./Okt. Di.-So., im Juli und August kein Ruhetag. Küche 12-14 und 18-22 Uhr.

Holsthum - Archäologischer Rundweg

TOUR 47

16 km

5 Stdn.

200 m

Charakteristik - Der Rundweg führt - hauptsächlich durch Wald - zu einmaligen Sehenswürdigkeiten, die den Blick zurück in die prähistorische Vergangenheit ermöglichen. Auf der gesamten Tour berichten Informationsschilder über die zahlreichen alten Baumbestände und die vorgeschichtlichen Funde. Dazu beeindrucken fast auf dem ganzen Weg imposante Felsformationen sowie die außergewöhnliche Schankweiler Klause.
Anfahrt - Von Bitburg B 257 Richtung Echternach, in Wolsfeld L 2 rechts Richtung Holsthum. - Von Trier B 51 Richtung Bitburg, bei Helenenberg auf L 40 bis Irrel, dann L 4 bis Holsthum.
Parken - Gäste-P Hotel Europa.

Holsthum - Der Erholungsort am Fuße des Ferschweiler Plateaus besitzt als Besonderheit den einzigen Hopfenanbaubetrieb im Rheinland. Außerdem ist die Kirche St. Maria und Rochus sehenswert, die alte und neue Bausubstanz verbindet und im modernen Innenraum eine barocke Marienstatue birgt. Von der ehemaligen Glashütte sind noch einige Gebäude erhalten. Die Rochuskapelle außerhalb des Ortes erinnert an die früheren Pest- und Choleraepidemien.
Der Rundweg - Vom Hotel über den Parkplatz, die L 4 überqueren und mit dem Wegweiser [Archäologischer Rundweg] vorbei an Hopfenfeldern bis zur Brücke über die Prüm, diese überqueren. Die - fast auf dem gesamten Rundweg durchgehende - Markierung [Archäologischer Rundweg] ähnelt einem breiten A und stellt einen Hüttenstein/Grabdeckel dar. Weiter geradeaus und über einen Steg. An der T-Gabelung Teerweg links. Nach 300 m rechts halten auf einem Feldweg bis zum Schild »Reste einer gallorömischen Siedlung«. Hier findet man vereinzelt Steinmaterial. Im rechten Winkel geht ein Weg unscheinbar und anfangs stark bewachsen weiter **(!)**, die Markierung erscheint erst wieder nach 20 m, wird zu schmalen Pfad, später rechts halten und an T-Gabelung links mit der Markierung [A], bis wieder die Markierung des [Archäologischen Rundwegs] erscheint. Nun rechts aufwärts und an immer wieder neu auftauchenden Sandsteinfelsen (Liasfelsen) sowie Felsformationen und einem vorgeschichtlichen Steinwall vorbei. Rechts halten! Der Blick öffnet sich hier einige Male auf das Prümtal. Oben rechts schmalem **(!)** Pfad, Markierung [Hüttenstein], folgen durch einen märchenhaften Laubwald mit bemoosten Felsen. Weiter auf dem oberen Weg bis zu einer Schutzhütte mit Rastmöglichkeit, dort weiter mit Markierung [Hüttenstein]. Man überquert die K 19 und folgt nach ca. 100 m links der Markierung [A] Richtung Schankweiler Klause, vorbei am Hungerborn bis zur Filsbachquelle. Dort aufwärts, Markierung [A], immer geradeaus bis zur Wiese,

hier links, dann sofort rechts mit Wegweiser [Schankweiler Klause] auf geteerten Weg. Ein schöner Blick über ein Plateau mit Wiesen und Feldern, begrenzt vom Wald, öffnet sich! Entlang an einer liebevoll gestalteten Allee mit hölzernen Pilzen bis zu einer Schutzhütte mit Rastmöglichkeit. Weiter geradeaus, dann rechts mit Wegweiser [Schankweiler Klause] ca. 200 m bis zur Schankweiler Klause. Die erste Kapelle und Klause an dieser Stelle wurden 1648 erwähnt. Die heutige Kapelle wurde 1762/63 erbaut. Der äußerlich eher schlichte einschiffige Bruchsteinbau überrascht mit seiner prachtvollen Innenausstattung. Die Altäre und die Kanzel stammen aus dem Rokoko, während die Beichtstühle im Barockstil gestaltet wurden, aber bereits Rokokoelemente und Einlegearbeiten enthalten. Bis heute dient die Schankweiler Klause als Pilgerstätte zur Mutter vom guten Rat. Durch hohe Bogenfenster einfallende Sonnenstrahlen lassen alles in ganz besonderem Licht erstrahlen. Von der Klause an einer Marienstatue rechts entlang und nach 150 m der Markierung [A] für 2 km folgen. Vorbei an Hügelgräbern erreicht man die Wikingerburg, ein mächtiger Steinwall, der jedoch nicht von den Wikingern erbaut wurde, sondern vermutlich bereits vor über 3000 Jahren in der Urnenfelderzeit (ca. 1200-750 v. Chr.) entstand. Dort links mit der Markierung [A] weiter bis zum Fraubillenkreuz. Der einstige Menhir aus der Jungsteinzeit wurde in frühchristlicher Zeit zu einem Kreuz mit flachen Figurennischen umgearbeitet. Hinter dem Kreuz links mit der Markierung [7] bis zur bereits bekannten Kreuzung und einem Teerweg. Kurz rechts und sofort links mit Markierung [19] weiter in Richtung des römischen Gräberfeldes. An einer T-Gabelung rechts abbiegen, ca. 50 m zu den eindrucksvollen römischen Steingräbern. Wieder 50 m zurück, dann rechts auf dem Pfad mit der Markierung [Hüttenstein] bis zum Halbwalzengrab, der Grabstätte eines römischen Kaufmannes, dann rechts weiter, vorbei an einer Holzkohlenmeilerstelle. An der T-Kreuzung links abwärts, dann geradeaus. An Y-Gabelung zunächst rechts bis zum Holzwegweiser [Schöne Aussicht]. Dort bietet sich ein wunderbarer Blick auf das Enztal, Holsthum und Umgebung. Achtung **(!)**: Vom Schild wieder 20 m zurück und Feldweg rechts abwärts. Auf diesem 1½ km geradeaus abwärts entlang an Wiesen und Apfelbäumen, teilweise [ohne Markierung]. Unten Teerweg rechts und geradeaus bis zur K 19. Weiter abwärts über die erste Brücke. Hier mündet die Enz in die Prüm! Nun

Fraubillenkreuz

rechts über die zweite Brücke. Dahinter entlang der L 4 in Richtung Irrel auf Pfad rechts der Straße bis zum Ortsende. Dort auf die linke Straßenseite (Rasen) wechseln. Nach ca. 500 m ist das Hotel Europa erreicht.

Hotel Europa - Das nur wenige Minuten vom Ortszentrum an einem Südhang des Prümtales gelegene Hotel ist umgeben von einer weitläufigen Parkanlage mit Forellenteichen, Liegewiese, Grillhütte, Caféterrasse, Biergarten und Kinderspielplatz. Für Erholung sorgen die komfortabel ausgestatteten Gästezimmer sowie das römische Dampfbad mit Sauna und Solarium und der hauseigene Masseur. Im angenehmen Ambiente des rustikalen Restaurants genießt man, umsorgt vom zuvorkommenden Personal, raffiniert zubereitete Speisen, u. a. Wildspezialitäten, und ausgesuchte Weine. Pauschalarrangements (Schlemmerwochenende, Wellnesstage etc.) und ein Freizeitprogramm - auch auf Reisegruppen zugeschnitten - mit geführten Wanderungen, Busausflügen, Brauerei- und Brennereibesuchen etc. runden das Angebot ab. Auch Motorradfahrer sind willkommen. - Kein Ruhetag.

Weitere Wandervorschläge rund um Holsthum

- Holsthum - Siebenarmiger Wegweiser - Prümerburg - Prümzurlay - Holsthum - 3 Stdn.
- Holsthum - Huwelslay - Peffingen - Holsthum - 1 1/2 bis 2 Stdn.
- Holsthum - Wandersteg - Ferschweiler Straße - Ringweg A - Prümzurlay - Holsthum - 2 1/2 Stdn.
- Holsthum - Rochuskapelle - Wolsfelderberg - Holsthumerberg - Holsthum - 2 Stdn.

TOUR
48

Wald-Rundweg im Bollendorfer Felsenland

12½ km

4 Stdn.

Charakteristik - Ein zu jeder Jahreszeit begehbarer, sehr faszinierender Rundweg in vielfältigem, schönem Mischwald und durch die romantisch-bizarren Felsformationen des Naturparks Südeifel. Zum Großteil weicher Waldpfad. Trotz der ausreichenden Markierungen an Abzweigungen besonders Acht geben. Festes Schuhwerk erforderlich. Abkürzung auf 8½ km möglich.
Anfahrt - A1/A 60 bis Ausfahrt Bitburg, zunächst B 51, dann ab Bitburg Richtung Luxemburg auf B 257 über Irrel, Echternacherbrück, dort rechts auf die L 1 nach Bollendorf abbiegen. - Von Trier kommend auf der B 51, auf Höhe Newel/Echternacherhof nach links auf die L 42 abbiegen. Über Olk, Ralingen, Echternacherbrück nach Bollendorf. Von Bollendorf Richtung Biesdorf. Am Ortsausgang rechts zum Hotel Sonnenberg. - Busverbindung: Buslinien 441 und 201 ab Hauptbahnhof Trier.
Parken - P unterhalb und oberhalb vom Hotel Sonnenberg.

Bollendorf - Der am Grenzfluss Sauer gelegene Luftkurort im Zentrum des Deutsch-Luxemburgischen Naturparks ist reich an Kultur- und Naturdenkmälern. Durch archäologische Funde wurde eine Besiedlung nachgewiesen, die bis auf die keltische und römische Zeit zurückgeht. Erstmals urkundlich erwähnt wurde Bollendorf als »villa bollana« im Jahr 716 und trägt seit 915 seinen heutigen Namen. Von der Zeit als Sommerresidenz der Echternacher Äbte zeugen Burg Bollendorf und Schloss Weilerbach. Der Ort ist ein ausgezeichneter Ausgangspunkt für Fahrten und Ausflüge nach Luxemburg, Trier, Bitburg, in die Vulkaneifel oder für Kanufahrten auf der Sauer.

Der Rundweg - Vom P oberhalb des Hotels geradeaus aufwärts mit [Weißem D im Kreis] in den Wald hinein, an der Schutzhütte auf den Waldpfad rechts einbiegen, den Markierungen [D] und [39] folgen. Durch die bizarren Felsenformationen der Grünen Hölle und der Nikolauslay und weiter durch den Eulenhorst auf dem Waldpfad bis zur Kreuzlay. Vom Aussichtspunkt Kreuzlay eröffnet sich ein beeindruckender Blick nach Südost in das Mittlere Sauertal. Dem Wegweiser [D] weiterhin folgend geht man bis zum Wegeknie rechts. - Bei der Kreuzung mit Wanderweg [3] ist eine Abkürzung möglich, wenn man sich links hält und den 250 m entfernten Höhenweg einschlägt. - Weiter geht es bergabwärts. Nach 2 Wegeknien rechts und links **(!)** führt [D] wieder auf den Waldpfad, der bald zum Waldweg wird. In sechs Kurven geht man leicht aufwärts bis zur Kreuzung [D] mit Markierung [Schwarzer Pfeil]. Der Weg mit [Schwarzem Pfeil] ist der Eifelvereins-Wanderweg Nr. 6, der Matthiasweg von Aachen nach Trier. Hier nach links bzw. in südlicher Richtung auf breitem

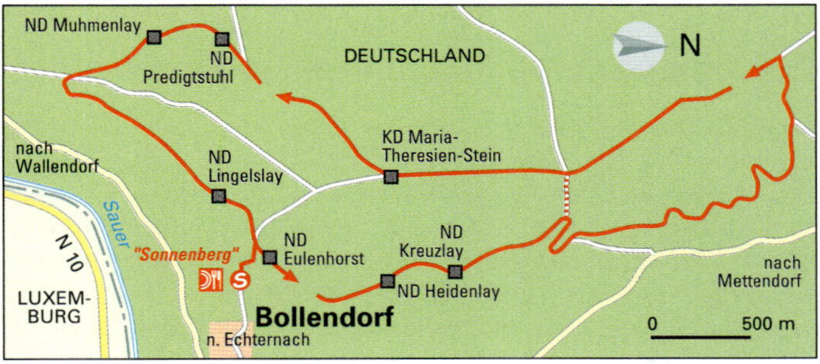

Weg mit [Schwarzem Pfeil] an einem gesprengten Westwall-Bunker vorbei bis zum Maria-Theresien-Stein (Grenzstein zwischen der Grafschaft Vianden und der Abtei Echternach) gehen. Jetzt nach rechts bzw. in südwestliche Richtung einbiegen und bergabwärts den Wanderwegen [2] und [39] folgen. Nach 1½ km nach links abbiegen auf Waldpfad [D] und [39] **(!)**. Zum Aussichtspunkt Predigtstuhl 52 Stufen aufsteigen. Entlohnt wird der Aufstieg durch einen herrlichen Nord-West-Ausblick in das Sauertal. Nach dem Abstieg wieder [D] und [39] durch Muhmenlay folgen und nach Biegung in nordöstliche Richtung weiter mit [39] bis Lingelslay. Von hier hat man einen schönen Blick auf das Sauertal und die Luxemburgische Schweiz. Weiter mit [39] und [D] bis zur Schutzhütte, von dort dann abwärts zurück zum Hotel Sonnenberg.

Waldhotel Sonnenberg mit Restaurant Bellevue - Das Hotel ist hoch über Bollendorf traumhaft am Waldrand gelegen und bietet herrliche Weitblicke sowie komfortable Zimmer. Für Entspannung und Wohlbefinden sorgen das Hallenbad mit Sauna und Sonnenbank sowie der Fitnessraum. Im sehr stilvoll eingerichteten Restaurant mit großer Rosenterrasse genießt man die weithin bekannt gute Küche mit internationalen Spezialitäten und deftigen Eifeler Gerichten, auch Vollwertkost und Kinderteller. Alle Preislagen. - Kein Ruhetag.

Weitere Wanderwege - Vom Hotel Sonnenberg gut zu erreichen: Wanderwege um Bollendorf, um das Ferschweiler Plateau und durch die Teufelsschlucht sowie durch das Muller-Thal in der nahe gelegenen Luxemburger Schweiz.

Die Traumpfade im Rhein-Mosel-Eifel-Land

»Zum Wandern verführen« möchten die neuen Traumpfade, die derzeit am Rhein und an der Mosel sowie in der Eifel eingerichtet werden. Mit insgesamt ca. 25 Traumpfaden soll das Rhein-Mosel-Eifel-Land bis 2010 zur Region mit den meisten Premium-Rundtouren werden. Mit herrlichen Landschaften, kulturellen Sehenswürdigkeiten, naturbelassenen, vielseitigen Wegverläufen, einem klaren Wegweiser- und Markierungssystem und wanderfreundlichen Gastgebern erfüllen diese Premium-Wege die Qualitätsstandards des Deutschen Wanderinstituts. Die Rundwege sind als Tages- und Halbtagestouren konzipiert und ermöglichen entspanntes, erholsames Wandern im Grünen. Zu genussvollen Pausen laden schön gestaltete Rastplätze mit ergonomisch geformten »Traumsofas«, Waldliegen und liebevoll als »Traumstationen« bezeichneten Sitzgruppen ein. Veranstaltungen wie geführte Wanderungen, Feste etc. runden das Angebot ab. Aktuelle Informationen über die Traumpfade können im Internet abgerufen werden unter www.traumpfade.info

Die Traumpfade in der Eifel zeigen die ganze Schönheit dieser Region, die häufig auch als das »grüne Herz Europas« bezeichnet wird. Eine Wanderung wird hier zur Reise in längst vergangene Zeiten. Schimmernde Kraterseen, aus der Landschaft ragende Bergkegel und bizarre Felsformationen zeugen von der vulkanischen Vergangenheit der Eifel. Einen reizvollen Gegensatz dazu bilden farbenprächtig blühenden Heidelandschaften, malerische Bachtäler, tiefe Wälder und grüne Auen. Imposante Burgruinen und romantische Schlösser erzählen aus der Geschichte der Region. All diese Facetten kann man auf den Traumpfaden in der Eifel hautnah erleben!

➡**Bergheidenweg** - Der Rundweg führt durch schöne Mischwälder entlang an der Nette und durch die eindrucksvolle Schlucht des Selbachtales und eröffnet immer wieder herrliche Ausblicke über die Eifellandschaft. - Ausgangspunkt: P am Raßberg, Arft. - Ca. 10 km - gut 3 Stdn. - 289 Höhenmeter. - Es besteht eine Anbindung an den Wacholderweg.

➡**Booser Doppelmaartour** - Dieser Rundweg zeigt eindrucksvoll die vulkanischen Landschaftsformen der Eifel und bietet wunderbare Aussichten über die Maare und Vulkankegel, u. a. vom Booser Eifelturm auf dem Schneeberg. Im Naturschutzgebiet Booser Doppelmaar ist eine vielfältige Flora und Fauna beheimatet. Die beiden Maare sind als große, flache Kessel in der Landschaft zu erkennen. - Ausgangspunkt: P Vulkanparkstadion bei Boos. - Ca. 9 km - 2¾ Stdn. - 146 Höhenmeter.

➡**Förstersteig** - Dieser Traumpfad verläuft zwar größtenteils durch schattige Wälder, überrascht jedoch auch durch faszinierende Panoramablicke. Ein Highlight am Wegesrand ist Schloss Bürresheim, das das Leben des Adels zwischen dem 15. und dem 20. Jh. anschaulich dokumentiert. - P Ruppental/Am Leichenweg, Mayen-Kürrenberg. - 15½ km - 6¼ Stdn. - 509 Höhenmeter. - Ausführliche Beschreibung auf S. 88-90.

➡**Nette-Schieferpfad** - Der malerische Flusslauf der Nette und die steil aufragenden Schieferklippen bilden einen reizvollen Kontrast auf

Booser Doppelmaar

diesem Rundweg, gekrönt durch beeindruckende Rundblicke. Abenteuerlich ist der Abschnitt durch einen ehemaligen Eisenbahntunnel. - Ausgangspunkt: Dorfplatz Trimbs. - 9 km - 3¾ Stdn. - 295 Höhenmeter.

➡ **Virne-Burgweg** - Auf 10 km erlebt der Wanderer malerische Wälder und weite Heidelandschaften am Schafberg sowie in der Blumerather Heide. Und auch ein Abstecher zum Namensgeber des Weges, der Ruine Virneburg aus dem 13. Jh., darf natürlich nicht fehlen! Im Jahre 2008 wurde der Virne-Burgweg zum »Schönsten Wanderweg Deutschlands« gewählt. - Ausgangspunkt: Gemeindehalle Virneburg. - 10 km - 3½ Stdn. - 313 Höhenmeter.

➡ **Vulkanpfad** - Der Traumpfad eröffnet herrliche Ausblicke über die Landschaft in der Osteifel mit den Vulkanen Hochsimmer, Wellberg, Sulzbusch und Hochstein und führt zu ehemaligen Steinbrüchen in der Grubenlandschaft des Kottenheimer Winfelds, die von der Zeit des Basaltabbaues zeugen. - Ausgangspunkt: Hochsimmerhalle Ettringen. - 6½ km - 2½ Stdn. - 234 Höhenmeter.

➡ **Wacholderweg** - Natur pur: Durch für die Vordereifel charakteristische Wacholderheiden, verschiedenartige Wälder und das malerische Nettetal geht es auf diesem Premiumweg. - Ausdauernde Wanderer können den Wacholderweg mit dem Bergheidenweg zu einer großen Tour erweitern. - Ausgangspunkt: Wabelsberger Wacholderhütte, Langscheid. - 9 km - 3 Stdn. - 264 Höhenmeter.

➡ **Wanderather** - Über weitläufige Wiesen genießt man atemberaubende Panoramablicke, wandert durch malerische Bachtäler sowie Wacholder- und Ginsterheiden und kann auf dem Jodokuspilgerweg, dem der Wanderather teilweise folgt, einen Abstecher zur sehenswerten Wallfahrtskapelle St. Jost unternehmen. - Ausgangspunkt: Baar-Wanderath. - 12 km - 4½ Stdn. - 304 Höhenmeter.

Weitere Informationen - Rhein-Mosel-Eifel-Touristik (REMET), Tourismuszweckverband des Landkreises Mayen-Koblenz, Projektbüro Traumpfade, Bahnhofstraße 9, 56068 Koblenz, Tel. 0261/108-419, Fax: 0261/3002797, E-Mail: info@remet.de, Internet: www.remet.de oder www.traumpfade.info

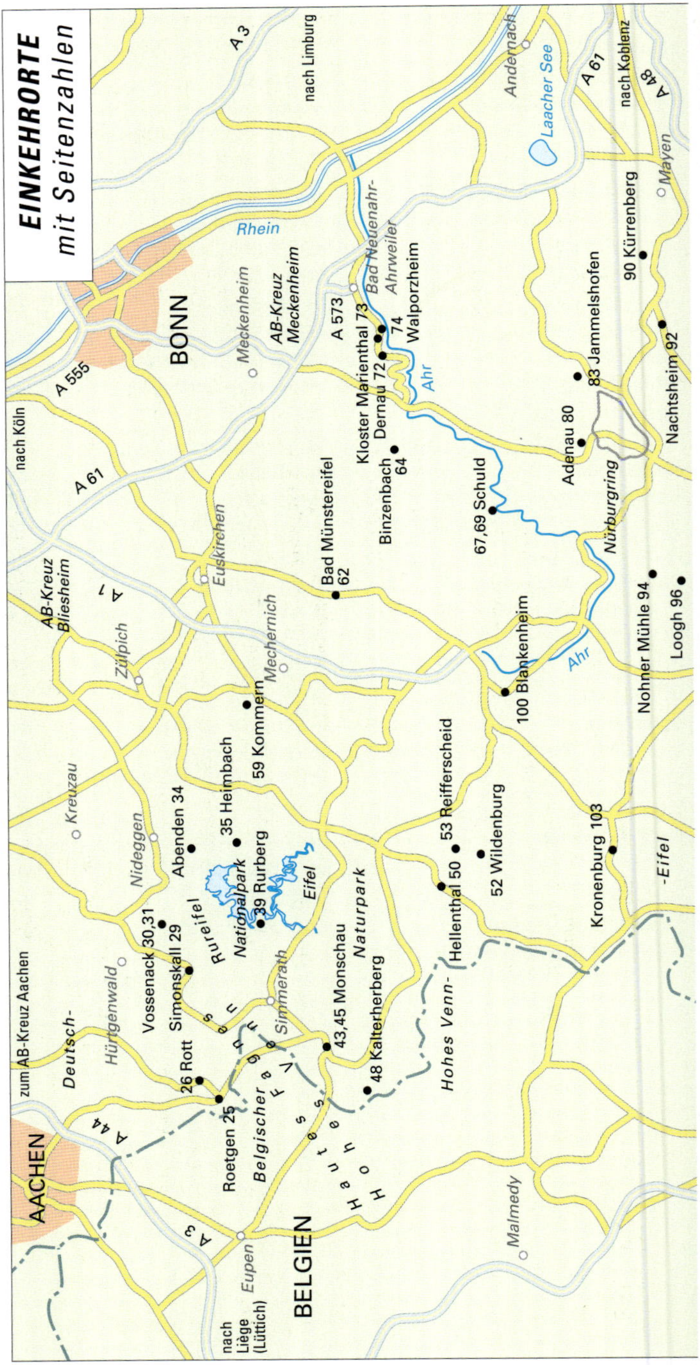
EINKEHRORTE
mit Seitenzahlen
BONN
AACHEN
BELGIEN
nach Köln
nach Limburg
nach Koblenz
nach Liège (Lüttich)
zum AB-Kreuz Aachen
A 3
A 61
A 555
A 573
A 1
A 44
A 48
AB-Kreuz Bliesheim
AB-Kreuz Meckenheim
Rhein
Ahr
Laacher See
Andernach
Mayen
Bad Neuenahr-Ahrweiler
Meckenheim
Euskirchen
Mechernich
Zülpich
Kreuzau
Nideggen
Hürtgenwald
Deutsch-
Belgischer
Naturpark
Hohes Venn-
Eifel
Rureifel
Nationalpark
Eifel
Simmerath
Hohes Venn
Hautes Fagnes
Eupen
Malmedy
Nürburgring
Roetgen 25
26 Rott
Simonskall 29
Vossenack 30,31
Abenden 34
35 Heimbach
39 Rurberg
43,45 Monschau
48 Kalterherberg
Hellenthal 50
52 Wildenburg
53 Reifferscheid
59 Kommern
Bad Münstereifel 62
Binzenbach 64
67,69 Schuld
Dernau 72
Kloster Marienthal 73
74 Walporzheim
Adenau 80
83 Jammelshofen
90 Kürrenberg
Nachtsheim 92
Nohner Mühle 94
Loogh 96
100 Blankenheim
Kronenburg 103

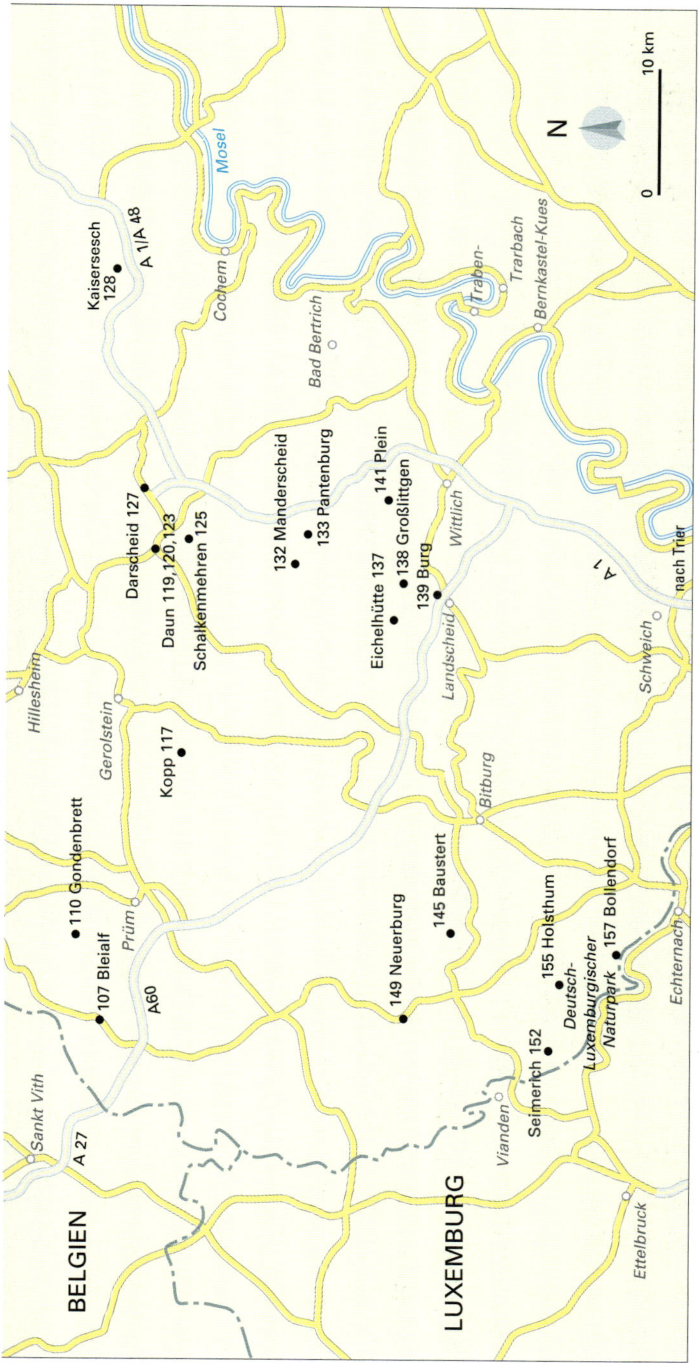

BELGIEN
LUXEMBURG
Mosel
N
0
10 km
Kaisersesch 128
A 1/A 48
Cochem
Bad Bertrich
Traben-
Trarbach
Bernkastel-Kues
Darscheid 127
Daun 119, 120, 123
Schalkenmehren 125
132 Manderscheid
133 Pantenburg
141 Plein
138 Großlittgen
139 Burg
Eichelhütte 137
Wittlich
Landscheid
A 1
nach Trier
Schweich
Hillesheim
Gerolstein
Kopp 117
Bitburg
110 Gondenbrett
Prüm
107 Bleialf
A60
149 Neuerburg
145 Baustert
155 Holsthum
157 Bollendorf
Deutsch-
Luxemburgischer
Naturpark
Echternach
Seimerich 152
Vianden
Sankt Vith
A 27
Ettelbruck

Register der Gasthöfe, Restaurants, Hotels und Pensionen

Dreimühlen-Wasserfall bei Niederehe